Corina Lendfers
Michael Berndonner

Aufbruch braucht keinen Mut, sondern Selbstkenntnis

In drei Schritten zu mehr Selbstbestimmung

Bibliografische Information der Deutschen Nationalbibliothek:
Die Deutsche Nationalbibliothek verzeichnet diese Publikation in
der Deutschen Nationalbibliografie; detaillierte bibliografische
Daten sind im Internet über http://dnb.dnb.de abrufbar.

ISBN: 9 783 753 404 042
© 2021, Corina Lendfers & Michael Berndonner
          Via Tuf 7
          CH-7016 Trin Mulin
          www.corina-lendfers.com
          www.swissinstitute.academy

Lektorat: Sylvia Hiller
Covergestaltung: Corina Lendfers
Coverfoto: Ursina Lendfers
Figuren: Seraina Lendfers
    nach Vorlage der Bikablo Publikationen www.bikablo.com
Herstellung und Verlag: Books on Demand, In de Tarpen 42,
D-22 848 Norderstedt

Inhalt

Vorwort

Am 5. Januar 2021 wurde im ZDF in der Dokumentar-Reihe 37° ein Beitrag über uns und unsere Familie ausgestrahlt mit dem Titel „Aus und Ahoi!". Die Sendung erreichte über drei Millionen ZuschauerInnen. Das ist eine außergewöhnlich hohe Einschaltquote. Offenbar spiegelt das überdurchschnittliche Interesse die Sehnsucht vieler Menschen nach anderen als den gewohnten Lebensentwürfen. Das spricht auch aus unzähligen Reaktionen von fremden Menschen, die uns direkt erreicht haben.

Diese überwältigende Resonanz hat uns dazu motiviert, mehr von unserer Geschichte zu erzählen. Nicht nur von den Jahren auf See in verschiedenen Ländern, sondern vor allem davon, wie wir dazu gekommen sind und was es dazu braucht, aufzubrechen und Altes hinter sich zu lassen. Altes, das die persönliche Entwicklung einschränkt. Denn darum geht es ja im Leben: Um persönliche Weiterentwicklung. Dazu ist unser Gehirn gebaut, dazu sind wir mit all unseren Fähigkeiten ausgestattet. Das muss nicht gleich ein Wechsel des Lebensstils sein wie in unserem Fall. Das kann auch ein Arbeitsplatzwechsel sein, das Ende einer belastenden Beziehung oder der Umzug in einen anderen Wohnort.

Eines vorweg: Wir sind weder Psychologen noch Hirnforscher. Wir sind Staatswissenschaftlerin, Kulturmanagerin und Autorin sowie Kommunikations-Coach und Hochschuldozent. In erster Linie aber sind wir zwei neugierige, reflektierte Menschen, die das Leben lieben und keine Angst vor seinen Facetten haben. Und wir sind in unserer Rolle als Eltern Vorbilder für unsere Kinder. Wir können unsere Kinder Selbstbestimmung und Eigenverantwortung nur lehren, indem wir sie ihnen vorleben. Es handelt sich bei diesem Buch folglich nicht um eine wissenschaftliche Abhandlung zum Thema Aufbruch. Vielmehr möchten wir aus unserer eigenen Erfahrung aufzeigen, wie Aufbruch gelingen kann, und beleuchten, warum es wichtig ist, immer wieder aufzubrechen.

Wer sich für unsere Segelreise interessiert, die uns innerhalb von sechs Jahren von Portugal über die Kanaren, die kapverdischen Inseln, über den Atlantik, nach Südamerika, die Karibik, Venezuela, Kolumbien, Kuba, die Bahamas, Bermudas und über die Azoren wieder zurück nach Portugal geführt hat, der findet Lesestoff in unseren Büchern „Von Sternen und Seegurken" und in der Fortsetzung „Vierzehn Füsse segeln weiter". Wir berichten darin vom Leben mit Großfamilie auf einem Segelschiff, von den Ländern, die wir bereist haben und von der Schiffsgeburt unseres jüngsten Kindes in der Karibik.

Corina Lendfers & Michael Berndonner
Portimao und Tbilisi, Januar 2021

„Ich bin eher Typ Angsthase. Ich hatte z.B. immer Angst davor, irgendwo als Angestellter ausgeliefert zu sein. Deswegen hab ich das gleich von Anfang an mal gelassen."

Andi Hook, Langfahrtsegler

„Wirkliche Veränderungen entspringen anscheinend unmöglichen oder verrückten Ideen, die auch ein wenig Naivität erfordern. Nur der Glaube lässt dich dem Weg sicher folgen."

Tatjana Mahr, Wiener Kaffeehausbesitzerin

„Aufbruch heißt für mich: Raus aus der Komfortzone - rein ins Leben! Das ist nicht immer einfach. Doch es wird mit jedem Mal leichter für mich, da viele bedeutende Veränderungen mein Leben bereichert haben."

Sylvia Hiller, Lehrlogopädin

„Angstfrei bin ich ganz bestimmt nicht. Aber nach einigen wagemutigen Sprüngen habe ich gelernt, mir selber die Zeit zu geben, bis die Neugierde einen Tick größer ist als die Furcht."

Sylvia Kirchherr, (Lebens)Künstlerin

„Aufbruch war nicht mein Lebensziel, aber mein Leben führte mich immer wieder zum Aufbruch. Dabei begegnete ich mir in meiner pursten Form und lernte, mich auf mich selbst zu verlassen."

Kozeta Balla, Centermanagerin

„Grenzen zu überschreiten, seine Komfortzone zu verlassen, haben an mir immer neue Seiten zu Tage gefördert, die mir bis dahin nicht bewusst waren."

Prof. Dr. Oliver Reisner, Historiker

„Das Reisen hat mich von aller Last befreit. Ich war noch nie so leicht."

Steffi Metz, Spitzenköchin auf Langzeitreise

„Aufbruch verhindert den Abbruch: zum lebenslangen Lernen, zur Beziehung zu sich selbst und zur inneren sowie äußeren Zufriedenheit."

Matthias Clesle, Speaker & Trainer

„Es ruckelte ziemlich, als ich, statt in Karriere und Sicherheit, in Erlebnisse zu investieren begann. Doch das ist wohl normal, beim Beschleunigen und Hochschalten..."

Stefan Wilda, Coach, Erlebnis- & Leistungsermöglicher

„Aufbruch ist nur der Anfang, seinen Traum zu leben. Jeder Mensch hat Träume in seinem Leben, die er verwirklichen muss, oder er sollte aufhören, welche zu haben."

Norbert Mahr, Wiener Kaffeehausbesitzer

„Glaub an dich, dass du es kannst, und die Hälfte der Arbeit ist bereits erledigt. Sobald du zu zweifeln beginnst, wirst du am kleinsten Hindernis scheitern."

Ketevan von Guria, Konzertpianistin

Einleitung

Am 8. Juli 2013 ist es soweit: Ein letzter Blick zurück auf das Haus, das wir vor sieben Jahren selbst gebaut haben, auf den Dorfplatz mit dem Brunnen, den Garten der Freunde, ein letztes Abbiegen auf die Hauptstraße, die uns fort führt aus unserem Wohnort. Ein letzter Blick zurück auf die Berge, von denen wir uns beschützt gefühlt haben, auf denen wir gewandert sind.

Aufbruch.

Wir sitzen in unserem Kleinbus, der vollgepackt ist bis unters Dach, und ziehen einen schwer beladenen Anhänger hinter uns her. Unser Ziel ist die Südküste Portugals, wo unser neuer Lebensabschnitt beginnen wird. Auf einem zwölf Meter langen Segelschiff.

Unser Haus haben wir verkauft, einige Möbel und Haushaltswaren in einem Stall bei Freunden eingestellt. Wie lange wir unterwegs sein werden, wissen wir nicht. Ob wir jemals wieder ins Dorf zurückkehren werden, in dem drei unserer damals fünf Kinder zur Welt gekommen sind, auch nicht.

Dieser Aufbruch liegt nun bald acht Jahre zurück. Damals – wie auch heute noch – bekamen wir häufig zu hören, wie mutig wir seien. Wir aber empfinden das gar nicht so. Für uns war die Reise nach Portugal aufs Schiff der letzte logische Schritt eines vierjährigen Planungs-, Vorbereitungs- und Wachstumsprozesses.

Neben der Aussage, dass wir mutig seien, bekommen wir auch regelmäßig den Satz zu hören: „Ihr habt's gut, wir würden das auch gerne machen, aber...“ Und dann folgen die unterschiedlichsten Begründungen, weshalb Stefan das nicht machen kann und warum das bei Petra leider nicht funktioniert. Die häufigsten Argumente gegen einen Aufbruch sind Finanzierung, der Partner, die Schule oder fehlender **Mut**.

Wir haben quer durch unser Leben immer wieder die Erfahrung gemacht, dass sich unsere Ziele dann erreichen lassen, wenn wir sie aus einem inneren Bedürfnis heraus verfolgen. Dann mögen sie noch so ungewöhnlich sein oder unmöglich erscheinen, es gibt einen Weg dorthin und wir finden ihn.

Über diese Erfahrung sowie über die Bemerkungen unserer Bekannten haben wir oft nachgedacht und uns gefragt, ob es ein Erfolgsrezept gibt, mit dem sich Träume verwirklichen lassen. Heute glauben wir: Ein Erfolgsrezept gibt es nicht. Aber je wichtiger das Ziel für uns ist, desto größer ist die Wahrscheinlichkeit, dass wir aufbrechen, um es zu erreichen. Aufbruch braucht folglich keinen Mut, sondern **Selbstkenntnis**. Dabei verstehen wir unter Aufbruch nicht unbedingt, alles hinter sich zu lassen und in ein neues Leben loszuziehen.

Aufbruch im Kleinen bedeutet: Wir stehen auf und gehen nach Hause, zum Beispiel nach einem gemütlichen Picknick im Wald. Aufbruch im Großen heißt, wir lassen etwas hinter uns, eine Lebensphase, einen Lebensstil, einen Lebensort. Zwischen diesen beiden Extremen gibt es ganz viele verschiedene Aufbrüche, freiwillige und unfreiwillige. Aufbruch in einen neuen Job, zu einem neuen Wohnort, in eine neue Freundschaft oder Partnerschaft, in ein neues Hobby, auf eine Reise, in eine Ausbildung. Eines haben alle gemeinsam: Sie sind der Beginn von etwas Neuem.

Wir möchten aufzeigen, dass wir immer wieder aufs Neue aufbrechen müssen, um mehr **Selbstbestimmung** in unserem Leben zu erreichen. Je aktiver wir unser Leben gestalten, desto zufriedener und erfüllter sind wir. Dieses Buch soll dazu motivieren, in sich selbst hineinzuhorchen, eigene Bedürfnisse zu erkennen, Eigenverantwortung zu übernehmen und Träume zu realisieren – kleine wie große.

Der Weg zu mehr Selbstbestimmung führt über **drei Schritte**: In einem ersten Schritt geht es darum, dass wir unsere echten Bedürfnisse wieder entdecken und lernen, sie von scheinbaren Bedürfnissen zu unterscheiden. Im zweiten Schritt überlegen wir uns, wie wir unseren Alltag verändern müssen, um künftig unsere echten Bedürfnisse zu befriedigen, unsere Leidenschaften leben zu können. Und im dritten Schritt geht es darum, unsere Erkenntnisse in die Tat umzusetzen und Konsequenzen zu ziehen.

Aufbruch beginnt also lange bevor Veränderungen von außen sichtbar werden. Er beginnt mit der Auseinandersetzung mit uns selbst.

1. Schritt: Augen auf!

So könnte es sein...

Der Titelsong von Titanic holt Stefan aus seinen Träumen. Mit geschlossenen Augen tastet er nach dem Handy, drückt den Aus-Knopf, legt es zurück und dreht sich zur Seite. Sein Magen krampft sich zusammen. Leichte Übelkeit macht sich breit. Wie jeden Morgen.

Stefans Gedanken schweifen zu seinen Schülern. Die 5. Klasse schreibt heute einen Test, die 3. bekommt die Noten für die letzte Klassenarbeit und mit der 7. muss er die Exkursion von nächster Woche vorbereiten. Um 18.00 ist dann noch die außerordentliche Lehrerkonferenz zu den bevorstehenden Corona-Maßnahmen. Die Übelkeit nimmt zu.

Bestimmt geht es jedem von uns hin und wieder so wie Stefan. Eine Situation, oder auch bloß der Gedanke daran, bereitet uns Magenschmerzen. Psychische Belastungen äußern sich in körperlichen Symptomen. Nicht immer sofort und nicht bei allen Menschen auf dieselbe Weise und in derselben Intensität. Aber das Zusammenspiel zwischen Psyche und Körper ist in der wissenschaftlichen Forschung unumstritten. Darum sollten wir die Signale unseres Körpers wahr- und vor allem ernst nehmen.

Meistens nehmen wir unsere kleineren und größeren Wehwehchen aber hin, ohne sie zu hinterfragen, schließlich hat ja jeder sein Päckchen zu tragen. So denken wir und arrangieren uns mit unserem Alltag auch dann, wenn die Zeichen eigentlich bereits deutlich auf Veränderung, auf Aufbruch stehen.

 So könnte es sein...

Konzentriert sitzt Petra vor dem Laptop und arbeitet an der Formulierung des Gerichtsurteils.

Leonie: „Mama, was gibt's zum Mittagessen?"

Petra: „Moment, ich komm' gleich."

Sie versucht den Faden nicht zu verlieren, liest den Satzanfang noch einmal durch und vollendet den Satz.

Tom: „Mama, ich muss um vier im Karatetraining sein und Tinas Mutter kann uns nicht fahren. Bringst du uns hin?"

Petra: „Ja, vielleicht."

Was wollte sie gerade noch ergänzen? Halblaut wiederholt sie den letzten Absatz. Stopp, das hört sich unverständlich an. Strg+x, andere Stelle, Strg +v. Besser.

Max: „Mama, ich hab 'ne 2 in Mathe!"
Verzweifelt schließt Petra die Augen und bemüht sich,
die aufkommende Aggression zu unterdrücken. Schließlich
möchte Max ja bloß seine Freude mit ihr teilen und sie
nicht ärgern. Sie schluckt den Frust hinunter, dreht sich zu
Max um und lächelt ihn an: „Super, ich gratuliere dir!"

Möglich, dass der hinuntergeschluckte Frust Petra auch
Magenschmerzen bereitet. Möglich ist aber auch, dass sie
den Rollenwechsel tatsächlich gut hinbekommt und mit
dem Schließen des Laptops ihren Beruf als Richterin hinter sich lassen und übergangslos in ihre Rolle als Mutter
hineingleiten kann. Je häufiger solche Situationen auftreten, desto kleiner wird allerdings diese Wahrscheinlichkeit.

Besser, als darauf zu warten, bis unser Körper auf ein
psychisches Ungleichgewicht reagiert, ist es, bereits vorher aktiv zu werden. Je besser wir uns selbst kennen,
desto leichter fällt es uns, rechtzeitig eine Richtungskorrektur vorzunehmen, sodass es im besten Fall gar nicht
zu einer persönlichen Rebellion oder einer gesundheitlichen Störung kommen muss.

Aber Achtung: wenn wir schreiben, wir sollten uns
selbst kennen, meinen wir damit nicht, dass wir wissen
müssen, wer wir sind. Unsere Persönlichkeit besteht aus
einer Verflechtung bewusster, unbewusster und unterbe-
wusster Ebenen und ist so vielschichtig, dass wir bis zu
unserem Tod wohl nie erfahren werden, wer wir wirklich sind. Das macht überhaupt nichts. Viel wichtiger ist
zu erkennen, was wir wollen. Welches unsere Bedürfnisse sind, die befriedigt werden müssen, damit es uns gut
geht. Damit wir ein Gefühl von Zufriedenheit, manchmal

sogar von Glück empfinden. Diese Bedürfnisse verstehen wir als echte Bedürfnisse.

Selbstkenntnis bedeutet nicht, zu wissen, wer wir sind, sondern zu wissen, woher wir kommen und was wir wollen. [1]

 **Übung 1:**

1. Schreibe auf, worüber du dich regelmäßig ärgerst.
2. Schreibe auf, was dich immer wieder traurig macht.
3. Gibt es Situationen, in denen du dich grundsätzlich unwohl fühlst?
4. Überlege dir, womit du in deinem Alltag am meisten zu kämpfen hast.
5. Fühlst du dich wohl in deinem Körper, oder gibt es Beschwerden, die sich eingeschlichen haben?
6. Die Antworten auf diese Fragen können ein erster Hinweis darauf sein, ob es Bereiche in deinem Leben gibt, die deine Aufmerksamkeit erfordern, weil sie dich auf psychischer oder körperlicher Ebene belasten.

---

[1] © Corina Lendfers

Verlorene Bedürfnisse

Der erste Schritt auf dem Weg zur Selbstbestimmung besteht darin, dass wir achtsam mit uns selbst umgehen und herausfinden, was wir brauchen, damit wir in hohem Grad zufrieden sind. Das mag vielleicht einfach klingen. Ist es aber nicht.

So könnte es sein...

Die Pausenglocke schrillt. Endlich. Ungeduldig wartet Stefan, bis die letzte Schülerin das Zimmer verlassen hat. Er schließt die Tür und zieht den Mundschutz vom Gesicht. Rasch tritt er ans Fenster, atmet tief die frische Winterluft ein. Dann setzt er sich zurück an sein Pult, lehnt sich zurück und schließt die Augen. Er fühlt sich erschöpft. Mittagspause. Hunger hat er keinen. Stattdessen lastet noch immer dieser unangenehme Druck auf seinem Magen. Er zieht einen Energie-Drink aus seiner Mappe und leert ihn in einem Zug. Damit er die kommenden fünf Nachmittagslektionen durchhält.

In Situationen, die in unserem Gehirn Stress auslösen, schaltet der Körper auf Sparflamme. Er konzentriert sich voll und ganz darauf, die Stresssituation zu meistern und fährt alle Aktivitäten herunter, die nicht diesem Ziel dienen. So kann es vorkommen, dass wir weder Hunger noch Durst, Müdigkeit oder Erschöpfung wahrnehmen. Erst, wenn das stressauslösende Element fort ist, entspannt der Körper und die bis dahin unterdrückten Bedürfnisse kommen zum Vorschein. Je länger die Belastung anhält, desto gravierender sind die negativen Folgen für unseren Körper.

Warum gelingt es uns dennoch, oftmals viel zu lange in solchen ungünstigen Situationen zu verharren, ohne sie zu hinterfragen oder sogar ohne sie überhaupt bewusst wahrzunehmen? Je vollgestopfter unser Alltag ist, desto schwerer fällt es uns, die wichtigen von den unwichtigen Dingen zu unterscheiden. Je dichter unsere Zeitplanung ist, desto weniger Zeit bleibt, dass wir uns Gedanken über unser Leben, unseren Alltag machen. Morgens, wenn der Wecker klingelt, sind wir noch zu verschlafen, um darüber nachzudenken. Und abends, wenn wir alle Verpflichtungen endlich erledigt haben, sind wir zu müde dazu.

 So könnte es sein...

Ein beißender Geruch irritiert Petras Nase. Der Kartoffelauflauf! Erschrocken springt sie vom Schreibtisch auf,

rennt in die Küche, reißt die Topflappen vom Haken und die Backofentür auf. Zu spät. Die oberste Schicht der Kartoffeln ist verkohlt. Schimpfend zieht sie die Auflaufform aus dem Ofen und stellt sie krachend auf den Tisch.

„Halt, der Untersetzer!" Entgeistert starrt Leonie auf den Holztisch.

Mürrisch hält Petra die Form wieder in die Höhe. Auf die Eichenholztischplatte hat sich ein dunkelbrauner Rand eingebrannt. „Mist", entfährt es ihr. Leonie schiebt den Untersetzer drüber, Petra platziert die Form darauf.

Dann stellt sie sich erneut an den Herd und setzt Spaghettiwasser auf. Den Auflauf kann sie vergessen, ebenso ihren freien Abend, auf den sie so fieberhaft hingearbeitet hat. Den Artikel für die Fachzeitschrift muss sie nach dem Abendessen fertigstellen.

Was ist es, das Petra wirklich möchte? Ist es ein herausragender Fachartikel, für den sie entsprechende Bewunderung erhält? Will sie in ihrer Rolle als Mutter perfekt sein und das Abendessen trotz beruflicher Verpflichtung pünktlich auf dem Tisch haben? Oder sehnt sie sich eigentlich nur nach einem freien Abend?

Es fällt uns nicht nur schwer, unsere eigenen Bedürfnisse zu erkennen, weil uns die Zeit für eine Auseinandersetzung damit fehlt. Das Problem wurzelt tiefer. In unserer modernen Gesellschaft wird uns bereits als kleines Kind abtrainiert, unsere Bedürfnisse als etwas Wichtiges, Wertvolles wahrzunehmen. Das beginnt oftmals bereits als Säugling. Babys absichtlich schreien zu lassen kommt leider noch immer viel zu häufig vor, obwohl aus der

Hirnforschung schon länger bekannt ist, dass Schreien lassen Stress bedeutet und Stress im Säuglingsalter die Hirnentwicklung negativ beeinflusst.[2]

Oder ein anderes Beispiel: Die allermeisten Babys werden in unserer Gesellschaft in Windeln gepackt. Kaum jemand stellt diese Praxis in Frage – obwohl kein erwachsener Mensch freiwillig in seinen Ausscheidungen liegen würde. Auch die Babys wollen das nicht und geben uns auf unterschiedliche Weise ihr Bedürfnis zu verstehen. Wir haben bloß verlernt, ihre Signale richtig zu deuten.

 ## Unsere Erfahrung

Wie kulturgebunden unsere Einstellung gegenüber unseren Säuglingen ist, ist uns während unserer Segelreise 2019 auf Kuba bewusst geworden. Unser Jüngster war 14 Monate alt, als wir ein kleines kubanisches Bergdorf besuchten. Ein kubanischer Freund hatte uns hingeführt und eine Familie räumte für uns ihr Zweizimmer-Häuschen, damit wir eine Unterkunft hatten. Am zweiten Tag wurde im Dorf, in dem jeder jeden kannte und Fremde so außergewöhnlich waren wie bunte Hunde, ein Lamm geschlachtet und für uns ein Fest veranstaltet. Obwohl unser Jüngster üblicherweise keine Windeln trug, hatten wir auf den Ausflug welche mitgenommen, weil es uns

[2] Vgl. Hüther, G., Weser, I. (2015). Das Geheimnis der ersten neun Monate: Reise ins Leben.

unangenehm war, in fremder Gesellschaft eventuelle Pfützchen aufputzen zu müssen. Er stoffelte dann auch munter zwischen den fremden Menschen umher. Als wir erkannten, dass er in die Windel gemacht hatte, wollten wir ihn zu uns nehmen, um ihn zu wickeln. Die Männer, mit denen er spielte, verstanden unsere Absicht, ihm eine frische Windel anzuziehen, schüttelten den Kopf und meinten: „Lasst die Windel doch weg, die braucht er nicht." Erst da fiel uns auf, dass keines der kleinen Kinder hier Windeln trug.

Mit diesen beiden Beispielen wollen wir aufzeigen, dass uns häufig bereits als Säugling abgewöhnt wird, auf unsere Bedürfnisse zu achten. Das Baby, auf dessen Schreien niemand reagiert, hört resigniert auf damit und lernt, dass nicht wichtig ist, was es zu sagen hat. Der kleine Mensch in Windeln ignoriert sein Bedürfnis, seine Ausscheidung nicht in seine Windel zu machen, solange, bis er es nicht mehr wahrnimmt (und es Jahre später wieder neu entwickeln muss).

Natürlich ist damit noch längst nicht alles verloren. Aber der Prozess geht weiter. In Deutschland beginnt die Kindergartenpflicht mit drei Jahren, einige Kinder werden noch früher fremd betreut. Es braucht nicht viel Phantasie um zu erkennen, dass es in jeder Einrichtung, in der Kinder betreut werden, immer einen Anpassungszwang für die Kinder gibt, allein bereits aus organisatorischen Gründen. Die Kinder lernen dadurch, dass es oft nicht möglich ist, dass ihre Bedürfnisse (nach Schlaf, Essen, Spielen, Bewegung, Aufmerksamkeit, Trost etc.) zeitnah befriedigt werden. Je jünger die Kinder dabei sind, desto nachhaltiger verankert sich die Erkenntnis im Gehirn: Bedürfnisse sind nicht so wichtig und müssen auch mal ignoriert werden. Diese Verankerung wird umso stabiler, je häufiger diese Erfahrung gemacht wird.[3]

Würde nach der Kleinkindzeit wieder mehr Raum für die individuellen Bedürfnisse geschaffen werden, dann könnte sich das Gehirn in dieser Hinsicht regenerieren. Das Kind bekäme Gelegenheit, sich selbst wieder stärker zu entdecken. Das kann in unserer Gesellschaft durch die in vielen Ländern herrschende Schulpflicht aber nicht stattfinden. Stattdessen füllen nun strikte Stunden- und Lehrpläne den Alltag der Kinder mit Inhalten, die sie weder selbst bestimmen noch beeinflussen können. Die Kinder sind so sehr damit beschäftigt, den Anforderungen ihrer Umwelt gerecht zu werden, dass sie immer mehr vergessen, was sie eigentlich gerne tun würden, was sie von Natur aus gut können und was ihnen letztlich gut tun würde. Und wenn es hin und wieder doch Kinder gibt, die sich gegen Stillsitzen und Auswendiglernen sträuben, werden sie als defizitär abgestempelt und durch Medikamente anpassungsfähig gemacht.

Nach bis zu zwölf obligatorischen Schuljahren ist das Werk vollbracht: Die jungen Erwachsenen verfügen über einen Schulabschluss, der ihnen die Fähigkeit zuschreibt, einen Beruf zu erlernen oder ein Studium zu beginnen.

---

[3] Vgl. Renz-Polster, H., Hüther, G. (2013). Wie Kinder heute wachsen: Natur als Entwicklungsraum. Ein neuer Blick auf das kindliche Lernen, Fühlen und Denken.

Ihre eigenen Bedürfnisse wahrzunehmen, das haben sie inzwischen systematisch verlernt.[4]

Die Mehrheit der heutigen Erwachsenen hat eine solche schulische Laufbahn hinter sich. Glück hat der, der in einer kritisch denkenden und handelnden Familie aufgewachsen ist oder selbst über einen bemerkenswerten Stursinn verfügt und sich gegen das Übliche, das Normale und Gewöhnliche gewehrt hat. Alle anderen werden früher oder später mit der Erkenntnis konfrontiert, zwar möglicherweise viel erreicht zu haben, aber nicht mehr zu wissen, was sie eigentlich wollen. Und da nach der Ausbildung direkt ein Beruf ergriffen werden muss, fehlt oft die Zeit, sich mit der Frage „Was will ich wirklich" auseinanderzusetzen.

Wer sich nun aufmachen möchte, um seine Bedürfnisse wiederzufinden, die ihn zufrieden oder sogar glücklich machen, steht vor einer neuen Herausforderung. Denn mit den Bedürfnissen ist es so eine Sache. Längst nicht alles, was wir als Bedürfnis interpretieren, ist bei genauem Hinsehen tatsächlich eins.

Wir verstehen ein echtes Bedürfnis als Feuer, das in uns brennen möchte. Haben wir es verloren, schwelt es als Glut in uns, die darauf wartet, wieder entfacht zu werden. Sobald wir es entdecken, entzündet sich eine Flamme, die wachsen und etwas Beeindruckendes entstehen lassen kann. So eine Glut ist in uns angelegt – ohne manipulativen Einfluss von außen.

---

[4] Vgl. Hüther, G., Heinrich, M., Senf, M. (2020). Education For Future: Bildung für ein gelingendes Leben.

Wichtig ist die Unterscheidung zwischen einem Feuer, das aus einer Glut entfacht wird, und einem Strohfeuer. Wir meinen damit echte und scheinbare Bedürfnisse.

Ein Beispiel: Tim und Anna schreiben beide Bücher, aber aus unterschiedlichen Motivationen. Tim befriedigt damit sein Bedürfnis nach Kreativität. Er erfindet eigene Welten, erzählt Geschichten, spielt mit Wörtern, befindet sich in einem kreativen Schaffensprozess, der ihn zufrieden und sogar glücklich macht. Über das fertige Buch freut er sich – es ist aber nicht das Ende seines Weges. Sobald ein Buch fertig ist, beginnt die Arbeit mit dem nächsten. Er hat nichts dagegen, mit seinen Büchern berühmt zu werden oder viel Geld zu verdienen. Aber weder das eine noch das andere ist ein Ziel oder eine Motivation für sein Schreiben.

Anna schreibt, um Anerkennung zu bekommen. Das Schreiben begeistert sie nicht sonderlich, ungeduldig arbeitet sie auf das fertige Buch hin. Sie hat Glück und landet beim ersten Werk einen Bestseller. Der Höhenflug hält – wie das Strohfeuer – aber nur kurz an. Um einen nächsten zu erleben, muss sie ein neues Buch schreiben, dabei macht ihr das Schreiben ja gar keinen Spaß. Da ihr der Erfolg nach dem zweiten und dritten Buch nicht mehr gelingt, gibt sie resigniert auf.

Bei einem echten Bedürfnis befriedigt uns der Prozess nachhaltiger als das Ergebnis.[5]

---

[5] © Corina Lendfers

Echte Bedürfnisse sind individuell und in uns angelegt. Die Befriedigung erfolgt mit Leidenschaft und Hingabe, nicht mit Aufopferung. Wir müssen uns nicht anstrengen, sondern schöpfen aus unserer eigenen Ressource. Ressourcen sind unsere Rohstoffe, mit denen wir unsere Ziele mühelos erreichen können.

Je nach Biographie und Lebenssituation kann ein scheinbares Bedürfnis so dominant werden, dass es als echtes Bedürfnis wahrgenommen wird. Wer als Kind keine Zuwendung und Liebe erfahren hat, wird als Erwachsener viel Zeit damit verbringen, nach Anerkennung zu streben oder versucht, sie sich mit Gewalt zu holen. Hinter dem scheinbaren Bedürfnis nach Anerkennung liegt das echte Bedürfnis nach Zuwendung und Liebe. Wer in schwierigen finanziellen Verhältnissen aufgewachsen ist, sehnt sich oft nach materiellem Reichtum, weil ihm Gesellschaft und Werbung suggerieren, dass Geld glücklich macht. Erst, wenn er einen gewissen Besitz angehäuft hat, erkennt er, dass er nicht glücklicher ist als vorher.

Um echte von scheinbaren Bedürfnissen unterscheiden zu können, müssen wir verstehen, wie scheinbare Bedürfnisse zustande kommen. Die vier wichtigsten Faktoren sind gesellschaftliche Werte und Normen, familiäre Erwartungen, unser eigenes, urmenschliches Streben nach Zugehörigkeit sowie der Einfluss der Werbung.

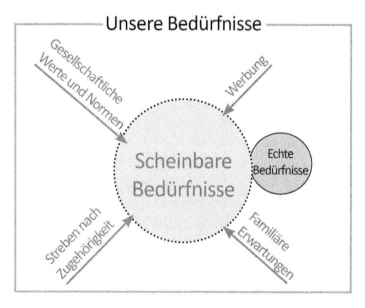

Abb. 1: Scheinbare Bedürfnisse

Gesellschaftliche
Werte und Normen

Von Beginn unseres Lebens an werden wir mit den geltenden Werten und Normen der Gesellschaft vertraut. Das Schwierige dabei ist, dass uns nur ein Bruchteil des Wertesystems bewusst wird. Somit übernehmen wir für viele Jahre Rollenbilder, Traditionen, Rituale und Verhaltensweisen, ohne sie zu hinterfragen. Ohne sie darauf zu untersuchen, ob sie uns gut tun oder nicht.

Die meisten gesellschaftlichen Werte und Normen sind uns nicht bewusst.

→ Das alljährliche Weihnachtsfest mit Bergen von Geschenken für die Kinder und dem Treffen der Familienmitglieder, mit denen es alljährlich über die immer gleichen Themen zum Streit kommt.
→ Das – sehr tradierte aber nichts desto trotz noch immer weit verbreitete und in den Köpfen der Menschen tief verankerte – Rollenbild vom Vater, der auswärts arbeitet und der Mutter, die zuhause bleibt und sich um die Kinder kümmert.
→ Normale Jungs tragen keine Röcke.

→ Wenn man zu Gast ist, wird der Teller leer gegessen, auch wenn das Essen nicht schmeckt oder man bereits satt ist.

Diese Beispiele und unzählige mehr sind Ausdruck unserer gesellschaftlichen Normen und Werte. Dabei ist ihre Existenz nicht per se unberechtigt, denn sie vermitteln Orientierung. Hinterfragt werden müssen sie dann, wenn sie uns in unserer Entwicklung einschränken. Es kann hilfreich sein, wenn man Routinen und Rituale betrachtet und sich fragt, woher sie kommen und ob man sich damit wohlfühlt. Man kann sich auch überlegen, wie es wäre, wenn man etwas nicht mehr so machen würde wie gewohnt.

 So könnte es sein...

Nach der letzten Lektion steckt Stefan seine Blätter in seine Mappe, schließt das Fenster, löscht das Licht und schließt die Schulzimmertür. Im Korridor riecht es nach Putzmittel. Es ist halb fünf, draußen dämmert es bereits. Seine Beine sind steif vom vielen Sitzen. Seit Einführung der Maskenpflicht hat er vom Frontalunterricht so weit wie möglich auf Teamarbeit umgestellt, da er die Schüler durch die Maske noch weniger erreicht als unter normalen Umständen. So verbringt er seine Tage nun vorwiegend sitzend.

Wie ferngesteuert geht Stefan auf den Aufzug zu, greift nach dem Schlüssel, mit dem er ihn bestellen kann – und lässt ihn wieder sinken. Er blickt zur Treppe, die in diesem Schulhaus nur die Schüler benützen. Warum, weiß er nicht, aber jeder Lehrer nimmt den Aufzug, auch wenn sein Ziel nur einen Stock höher und tiefer liegt.

Stefans Beine kribbeln. Vor dem Schulhaus steht sein Auto. Wieder sitzen. Er lässt den Schlüssel in die Jackentasche gleiten und steigt die Treppenstufen hinab.

Aufbruch beginnt oft im Kleinen, indem wir Verhaltensweisen ändern, die wir ohne zu hinterfragen übernommen haben. Stefans Entscheidung, an diesem Nachmittag die Treppe zu benutzen, löst keine Revolution aus, weder in seinem Leben noch in der Schule. Sie sorgt aber dafür, dass es ihm in diesem Moment ein bisschen besser geht. Nachhaltige Wirkung entfaltet sie dann, wenn er künftig immer die Treppe anstelle des Aufzugs nimmt – und wenn ihn seine Verhaltensänderung dazu motiviert, weitere bisher selbstverständliche Dinge in seinem Leben zu hinterfragen und dadurch seinen echten Bedürfnissen wieder näher zu kommen. Dass er durch sein neues Verhalten als Impulsgeber für andere Lehrer agiert, ist ein positiver Nebeneffekt.

──▷ *Übung 2:*

1. Überlege dir, welche Rituale in deinem Leben vorkommen und welche Gewohnheiten du hast. Schreibe sie auf.
2. Versuche herauszufinden, woher diese Rituale und Gewohnheiten kommen: Hast du sie selbst entwickelt? Wurden sie in deiner Herkunftsfamilie praktiziert? Machen sie viele Menschen in deinem Umfeld? Notiere auch, wenn du einen Ursprung nicht zuordnen kannst.
3. Wie geht es dir mit den einzelnen Ritualen und Gewohnheiten?
4. Überlege dir, welche Rituale und Gewohnheiten du beibehalten willst und welche künftig keinen Platz mehr in deinem Leben haben.
5. Setze deine Entscheidungen um. Manche Veränderungen werden dir leichter fallen, andere weniger. Wenn du eigene Gewohnheiten über Bord wirfst, wird das in der Regel einfacher sein, als wenn du dich gegen gesellschaftliche Normen stellst, die dich einschränken.

Familiäre Erwartungen

Noch subtiler als gesellschaftliche Werte und Normen sind die Erwartungen innerhalb unserer eigenen Familie. Je jünger Kinder sind, desto feiner sind die Antennen, mit denen sie Erwartungen wahrnehmen. Noch lange bevor ihr Gehirn soweit entwickelt ist, dass sie Handlungsmotivationen verstehen können, spüren sie, was von ihnen erwartet wird.

Kleine Kinder unterscheiden nicht zwischen gut und schlecht. Sie wollen aber Erwartungen erfüllen, weil sie dazugehören möchten. Diese Kombination führt nicht selten zu negativen Ergebnissen: Das Baby spürt, dass die Mutter erwartet, dass es die Tasse fallen lässt, also lässt es die Tasse fallen. Erst mit zunehmendem Alter kann es den Ärger der Mutter mit der zerbrochenen Tasse und damit mit seiner Handlung bin Verbindung bringen. Bis dahin können sich aber bereits negative Handlungsmuster im Gehirn entwickelt haben. Das Baby lässt die Tasse (das Glas, den Becher etc.) immer wieder fallen, das Vertrauen der Mutter wird dadurch immer weiter geschwächt und die negative Erwartungshaltung verstärkt. Wenn sie dann noch Dinge äußert wie: „Du bist ungeschickt!" verankert sich diese Botschaft im Gehirn des Kindes: Ich bin ungeschickt. Das passiert unbewusst, und ganz im Sinn der sich selbst erfüllenden Prophezeiung kommt es in der Folge immer wieder zu Situationen, in denen das Kind sein Ungeschick unter Beweis stellt. Eine Negativspirale.[6]

Dasselbe gilt natürlich auch für positive Erwartungen. Je mehr Vertrauen die Eltern von Anfang an in ihr Kind haben, desto positiver ist ihre Erwartungshaltung, desto mehr trauen sie ihrem Kind zu. Und desto zuversichtlicher kann das Kind seine eigenen Fähigkeiten entwickeln.

Positive und negative Erwartungen beeinflussen unsere Gehirnstruktur.

Oftmals prägen uns aber auch neutrale Erwartungen. Wenn unsere Eltern erwartet haben, dass wir vor dem Essen die Hände waschen, dann haben wir das in aller Regel getan (und werden es auch als Erwachsene tun, ohne die Handlung zu hinterfragen). Wenn von uns erwartet wurde, Abitur zu machen und eine Uni zu besuchen, weil die Eltern selbst Akademiker sind und eine hohe Schulbildung als Schlüssel zum persönlichen Glück betrachten, dann bemühten wir uns mit aller Kraft, Abitur zu machen.

Warum ist das so? Wir Menschen kommen unreif zur Welt. Bis wir körperlich und geistig in der Lage sind, unabhängig zu leben, müssen wir uns an Vorbildern orientieren, um uns all jene Fähigkeiten anzueignen, die wir für ein selbstständiges Leben brauchen resp. zu brauchen glauben. Diese Vorbilder sind in erster Linie die Famili-

---

[6] Vgl. Liedloff, J. (2005). Auf der Suche nach dem verlorenen Glück.

enmitglieder, die täglich mit uns zusammen sind. Wenn sich der Blick öffnet und Freunde und andere Vorbilder in unser Leben treten, haben uns die Erwartungen unserer Eltern bereits geprägt.[7] Es ist nie zu spät, das zu erkennen.

So könnte es sein...

Halb zehn. Die Kinder sind im Bett, die Pausenbrote für den nächsten Tag gestrichen, die Hausaufgaben gemacht, die Schulranzen gepackt. Petra gähnt. Sie klappt den Laptop auf, kneift die Augen zusammen und versucht sich auf ihren Text zu konzentrieren.

Eigentlich hat sie überhaupt keine Lust auf diesen Artikel für die Fachzeitschrift. Das Thema ist eng umrissen, und es schreibt bereits ein Kollege darüber. Viel Neues kann sie nicht beisteuern.

Sie seufzt. Ihr Vater, pensionierter Richter, hat unablässig publiziert. Von ihm hat sie gelernt, dass man mehr fachliche Kompetenz attestiert bekommt, je mehr Artikel man veröffentlicht. Fachartikel sind Türöffner zu Konferenzen und Symposien. Wobei – eigentlich mag sie keine Symposien. Sie liebt die Auseinandersetzung mit den Fällen, über die sie zu richten hat. Alles andere – Publizieren, Präsentieren, Networking – empfindet sie als anstrengendes

---

[7] Vgl. Hüther, G., Hauser, U. (2012). Jedes Kind ist hoch begabt: Die angeborenen Talente unserer Kinder und was wir daraus machen.

Pflichtprogramm. Ganz anders als ihr Vater, der in Fach-kreisen als brillanter Publizist und Redner galt.

   Petra gähnt erneut. Sie ist sich sicher, dass ihr Beitrag kein echter Mehrwert wäre. Einen Moment lang zögert sie. Dann öffnet sie das mail-Programm und schickt eine Nachricht an den Verantwortlichen. Mit ihrer Absage.

Das Mittel, durch das Erwartungen am häufigsten ausgedrückt werden, ist Lob. In unserer Gesellschaft ist Loben weit verbreitet und wird darum in den meisten Familien nicht hinterfragt. Auf den ersten Blick mag Lob ja auch als etwas Positives erscheinen. Wenn wir uns jedoch überlegen, welchen Zweck ein Lob erfüllen soll, merken wir rasch, dass das Gegenteil der Fall ist. Wenn wir ein Kind loben, erhoffen wir uns davon, es zu weiteren identischen Handlungen zu motivieren. Egal, ob das Kind das Zimmer aufgeräumt oder den Tisch gedeckt, ein Bild gemalt oder alleine die Hausaufgaben gemacht hat: Durch unser Lob geben wir dem Kind zu verstehen, dass wir auch in Zukunft dieses Verhalten von ihm erwarten. Aus der Aussage: „Du hast dein Zimmer echt gut aufgeräumt!" hört das Kind: „Ich erwarte, dass du das öfter tust." Dabei geht es dem Kind um etwas ganz anderes.

Kinder wollen als Person wahrgenommen und nicht in ihren Handlungen bewertet werden.

Wer immer nur dann Zuwendung erhält, wenn er etwas geleistet hat, verliert das Vertrauen in die Zuneigung des

Lobenden. Für ein Kind ist das verheerend, da es dem Belohnungs- und Bestrafungsmechanismus bereits in Kindergarten und Schule ausgesetzt ist. Wenn Liebe und Zuneigung zuhause an Erwartungen geknüpft werden, wird das Verhalten des Kindes instrumentalisiert. Es entfernt sich dadurch immer weiter von seiner eigenen Kreativität, seinen eigenen Ideen und Bedürfnissen, weil es stets damit beschäftigt ist, sich solange zu verbiegen, bis es in die Rolle passt, die Erwachsene für es vorgesehen haben.[8]

In der Reflexion über unsere abhanden gekommenen Bedürfnisse als Erwachsene darf die Analyse unserer eigenen Erfahrungen mit Lob nicht fehlen.

Übung 3:

1. Schreibe auf, an welche Erwartungen deine Eltern an dich als Kind hatten.
2. Was hatten diese Erwartungen damals in dir ausgelöst?
3. Wie haben diese Erwartungen deinen Lebensweg, deine Entscheidungen beeinflusst?
4. Wurdest du als Kind bestraft?
5. Wofür wurdest du am häufigsten gelobt?
6. Worauf waren/sind deine Eltern bei dir stolz?
7. Mit welchen Erwartungen aus deiner Herkunftsfamilie wirst du heute konfrontiert?

---

[8] Vgl. Juul, J. (2016): Leitwölfe sein: Liebevolle Führung in der Familie.

Streben nach Zugehörigkeit

Wir Menschen sind soziale Wesen. Unser Bedürfnis nach Zugehörigkeit prägt unser Verhalten bereits im Kleinkindalter und erreicht ihren Höhepunkt in der Pubertät. In dieser Phase rückt die eigene Familie in den Hintergrund und wird nach und nach abgelöst von Gleichaltrigen. Viele junge Menschen passen sich einer Gruppe an, denn das ist der Weg, den sie bisher kennengelernt haben: den der Vereinheitlichung. Um dazuzugehören beginnen sie zu Rauchen, konsumieren Alkohol, hören alle dieselbe Musik unabhängig vom eigenen Geschmack, kleiden sich ähnlich und kommunizieren im Jugendslang. Mit dem Eintritt ins Berufsleben reguliert sich diese Vereinheitlichung ein Stück weit. Jetzt gilt es, sich dem neuen Umfeld anzupassen und entsprechende neue Verhaltensweisen zu übernehmen.

Somit hört das Streben nach Zugehörigkeit im Erwachsenenalter nicht auf. Stammtische, Kegelabende, die Musikszene mit Chorgesang, Orchestern und Konzerten, soziale Events wie Jahrmärkte oder Sportveranstaltungen dienen in erster Linie dazu, ein Gefühl von Zugehörigkeit zu schaffen. Wie groß der Verlust an Orientierung ist, wenn diese sozialen Beziehungen wegfallen, erleben wir aktuell durch die Maßnahmen zur Virusbekämpfung.

Eng mit dem Bedürfnis nach Zugehörigkeit verbunden ist das Bedürfnis nach Unabhängigkeit. Auf den ersten Blick mag das paradox erscheinen. Das ist es aber nicht. Zugehörigkeit ist viel mehr die Basis für Unabhängigkeit.

Wer sich zugehörig, verstanden, angenommen fühlt, der ist in der Lage, individuelle Entscheidungen zu treffen. Besonders deutlich wird das, wenn man junge Erwachsene betrachtet. Je stabiler und vertrauensvoller die Beziehung zur eigenen Familie ist, desto leichter fällt der Schritt in die Unabhängigkeit. Denn die Familie wird auch dann da sein, wenn der junge Mensch Fehler macht, strauchelt, Unterstützung und Zuwendung braucht.[9]

Unser Streben nach Zugehörigkeit ist es auch, das uns dazu ermutigt, uns auf Partnerschaften einzulassen. Und es ist nicht selten der Grund dafür, dass wir an Partnerschaften festhalten, die uns nicht guttun, sondern uns schaden.

In der Paarbeziehung ist das Zusammenspiel von Zugehörigkeit und Unabhängigkeit besonders bedeutsam. Das Gelingen einer Beziehung hängt im Wesentlichen davon ab, ob sich jeder Partner seine eigene Unabhängigkeit bewahren kann, ohne dass das Zugehörigkeitsgefühl darunter leidet. Jeder Partner muss zum Beispiel die Freiheit haben, mit anderen Menschen über verschiedene Kanäle zu kommunizieren oder sich mit anderen Menschen zu treffen, ohne dem anderen darüber Rechenschaft ablegen zu müssen.

Streben wir zu sehr nach Zugehörigkeit, ist die Versuchung groß, auf die eigene Unabhängigkeit zu verzichten und Kompromisse einzugehen, die schädlich für uns sind. Dabei können wir unterscheiden zwischen Bezie-

---

[9] Vgl. Etter, H. (2015): Erziehen im Vertrauen. Das Join-up-Konzept.

hungen, die uns hemmen und solchen, die toxisch für uns sind.

Hemmende Beziehungen verhindern, dass wir uns so entwickeln, wie wir eigentlich könnten, dass wir aus dem Vollen schöpfen. Es muss uns dabei nicht schlecht gehen. Dem Partner zuliebe verzichten wir auf die Bergtour am Wochenende, weil er nicht alleine bleiben möchte und selbst nicht gerne bergsteigt. Weil sich unsere Partnerin für vegane Ernährung entschieden hat, essen wir auch keine Tierprodukte mehr. Das Trompetenspielen lassen wir lieber sein, weil der Partner Blasmusik nicht mag. Klar: In jeder Partnerschaft werden Kompromisse gemacht, ohne geht es nicht. In einer hemmenden Beziehung schränken uns die Kompromisse aber ein. Wir können dennoch damit leben, ohne körperlichen oder psychischen Schaden zu nehmen.

Diese Prämisse ist in der toxischen Beziehung nicht mehr gegeben. Hier wird die Unabhängigkeit so stark eingeschränkt, dass eine gesunde Entwicklung nicht mehr möglich ist. Toxische Elemente finden sich in Beziehungen mit Alkoholikerinnen und Menschen mit narzisstischen Persönlichkeitsstörungen.

Jessica Köring lebte viele Jahre mit einem Narzissten zusammen. Sie beschreibt die Beziehung zu ihrem Partner so: „In der toxischen Beziehung war ich nur darauf bedacht, keinen Fehler zu machen, um ihm keinen Anlass zu geben, wieder wütend zu werden. Ich hatte jede Facette meiner selbst seinen Vorstellungen unterworfen, von der Kleidung, die ich trug, bis hin zu der Art und

Weise, wie ich duschte. Jeder Schritt war darauf ausgerichtet, ihm recht zu sein."[10]

In einer hemmenden Beziehung können unsere echten Bedürfnisse in den Hintergrund treten, in der toxischen Beziehung werden sie vollständig unterdrückt.

Unser Streben nach Zugehörigkeit findet folglich Ausdruck im Zusammenleben in einer Partnerschaft, in Gruppenaktivitäten und sozialem Engagement. Solange wir innerhalb dieser Zugehörigkeiten wertgeschätzt werden und unsere Unabhängigkeit bewahren können, tut uns das gut. Häufig jedoch passen wir uns zu stark an, gehen zu viele Kompromisse ein und nehmen in Kauf, dass wir uns dadurch immer mehr von unseren echten Bedürfnissen entfernen.

Übung 4:

1. Notiere: Welchen sozialen Gruppen fühlst du dich zugehörig?
2. Was verbindet dich mit der jeweiligen Gruppe?
3. Kannst du innerhalb der jeweiligen Gruppe deine Meinung frei vertreten, ohne auf Widerstand zu stoßen oder Angst zu haben, dass du ausgegrenzt wirst?
4. Begegnest du deinem Partner/deiner Partnerin auf Augenhöhe?

---

[10] Jessica erzählt ihre Geschichte in: Für immer ich selbst – Mutige und inspirierende Lebensgeschichten von Frauen. (2018)

5. Gelten innerhalb eurer Partnerschaft für beide dieselben Regeln?
6. Fühlst du dich durch deinen Partner / deine Partnerin in deinen Aktivitäten unterstützt und bestärkt?
7. Wie löst ihr Konflikte innerhalb eurer Partnerschaft?
8. Wer trifft in eurer Partnerschaft wichtige Entscheidungen und wie geht es dir dabei?

Der Einfluss der Werbung

Werbung macht sich die oben ausgeführten Erkenntnisse zu nutze. Auf Plakaten, Flyern, in Werbespots und Anzeigen werden gezielt gesellschaftliche Werte und Normen sowie das Streben nach Zugehörigkeit angesprochen. Die fürsorgliche Mutter sorgt dafür, dass der erwerbstätige Vater und die Kinder immer saubere Wäsche haben. Werbung für die dritten Zähne bedient das Bedürfnis älterer Menschen nach Zugehörigkeit.

Kundenbindung ist in der Werbeindustrie das wichtigste Ziel. Dazu liegt das Augenmerk auf den Jüngsten unserer Gesellschaft. Kinder sind besonders empfänglich für Werbung. Sie sind noch nicht in der Lage, kritisch zu denken, und glauben, was man ihnen sagt. Je früher Markennamen Eingang ins Gehirn finden, desto nachhaltiger werden sie abgespeichert. Darum finden sich bereits bei den Dreijährigen im Kindergarten Produkte mit Markenlogos, Malblöcke mit Figuren aus Animationsfilmen oder in den Kaufhäusern Kleinkinder-T-Shirts mit Aufdrucken von Lillifee und Superman. Wie nachhaltig sich Werbespots in Kinderköpfen manifestieren, kann man regelmäßig im Supermarkt erleben. Dann lassen die Kleinen nicht locker und bestehen darauf, dass Nutella gekauft wird und keine Schokocrème, die zwar weniger Zucker, aber keinen bekannten Namen hat.

Werbung behauptet, dass wir verschiedenste Produkte benötigen: Um gesünder zu werden, für eine faltenfreie Haut oder Haare ohne Schuppen, um intelligenter oder sogar um beliebter zu werden. Ob das behauptete Ergebnis nach dem Kauf eintrifft oder nicht, ist für uns gar nicht so wichtig, denn alleine durch den Kauf und die Benutzung des Produktes fühlen wir uns besser. Und nicht selten kommt es sogar vor, dass wir uns über beworbene Produkte identifizieren. Dann gehören die Lewis-Jeans zu unserer Person, oder wir verlassen das Haus gar nicht mehr ohne „unser" Parfüm.

„Wir wissen nur selten, was wir eigentlich wollen. Deshalb sind wir sehr anfällig dafür, uns beeinflussen zu lassen."[11].

---

[11] Verhaltensökonom Dan Ariely, https://www.svz.de/18 343 311 ©2021

Für uns bedeutet diese Erkenntnis zwei Dinge: Erstens werden wir weniger empfänglich für Werbung, je besser wir wissen, was wir wollen. Zweitens müssen wir herausfinden, welche unserer Bedürfnisse nur durch die Werbung zu Bedürfnissen geworden sind. Das kann am besten gelingen, wenn wir uns ganz bewusst über einen längeren Zeitraum dem Einfluss von Werbung so gut wie möglich entziehen. Das kann einschneidende Folgen haben: Verzicht auf Fernsehen, Verzicht auf soziale Netzwerke, Verzicht auf Surfen im Internet, Verzicht auf Shoppingtouren in der Stadt, teilweise sogar Verzicht auf den Kontakt zu Mitmenschen, die ständig nur von ihren neusten Errungenschaften sprechen. Was bleibt, wenn wir auf all das verzichten, mag uns erst einmal erschrecken. Vielleicht bleibt nämlich: Nichts. Leere. Wenn wir von der Arbeit nach Hause kommen und weder den Fernseher noch den Computer anmachen noch uns mit dem Handy aufs Sofa setzen.

 ## Unsere Erfahrung

Wir haben mit unseren Kindern bisher zweimal den Atlantik überquert. 2017 sind wir von den Kapverdischen Inseln (Afrika) nach Westen, nach Südamerika gesegelt, und 2019 von den Bermudas aus nach Osten zurück nach Europa, zu den Azoren. Beide Überquerungen haben 18 Tage gedauert. 18 Tage ohne WLAN, ohne Telefonnetz, ohne Internet, ohne Fernsehen, ohne WhatsApp und Facebook. Zudem ohne Einkaufsmöglichkeiten, ohne

Zerstreuung durch Freunde oder gesellschaftliche Veranstaltungen.

Wir waren mit uns selbst allein.

Wir waren selten so zufrieden wie in dieser Zeit auf dem Ozean. Unbeeinflusst von außen.

Es ist ein durchdringendes Erlebnis, einfach nur zu existieren. Ohne Uhr, geleitet von Sonnenauf- und -untergang. Keine Verpflichtungen, keine Termine. Es gibt keinen Anfang und kein Ende so weit der Blick reicht, nur endlose Wassermassen und die ununterbrochene Linie des Horizonts.

Wenn wir Hunger haben, kochen und essen wir. Zwischendurch lesen, spielen – je nach Seegang –, schlafen. Wenn uns übel ist, legen wir uns hin. Wenn wir Angst haben, setzen wir uns damit auseinander.

Das Leben auf einem Segelboot auf dem Ozean ist unmittelbar. Es konfrontiert uns mit uns selbst in einer Weise, die einzigartig ist. Denn es gibt keine Fluchtmöglichkeit. Weder vor den Naturgewalten noch vor Konflikten mit Mitseglern, vor Langeweile, Angst oder Erinnerungen.

Diese vier Einflussfaktoren – gesellschaftliche Werte und Normen, familiäre Erwartungen, unser Umgang mit Werbung sowie unser eigenes Bedürfnis nach Zugehörigkeit – formen unser Selbstbild. Die Art und Weise, wie wir uns bewegen, wie wir sprechen, wie wir streiten, lieben, Konflikte lösen, unser Umfeld und unseren Körper wahrnehmen, was wir uns selbst zutrauen und was nicht.

Unser Selbstbild gibt uns Orientierung und Sicherheit und sorgt dafür, dass wir unsere Energie sparen können. Wir müssen uns nicht jeden Morgen neu überlegen, wie wir unsere Arbeitskollegen begrüßen, sondern folgen eingespielten Mustern. Je routinierter unsere Handlungsabläufe im Alltag sind, desto unaufgeregter sind wir und desto besser sind wir in der Lage, unsere täglichen Aufgaben zu meistern.

Dieser Umstand wird uns vor allem immer dann bewusst, wenn sich etwas in unserem Umfeld verändert. Wenn ein Kind krank ist, nicht zur Schule gehen kann und wir die Betreuung übernehmen müssen; wenn wir einen neuen Chef bekommen; wenn ein Freund wegzieht, Spannungen in der Partnerschaft auftreten oder unser Körper nicht mehr reibungslos funktioniert. Dann müssen wir Lösungen suchen und uns an die neue Situation anpassen.

Das beeinflusst immer auch unser Selbstbild. Auf das kranke Kind reagieren wir ungeduldig, obwohl wir Geduld bisher als Stärke empfunden haben. Der neue Chef kritisiert unsere Arbeitshaltung und fordert mehr Einsatz, dabei halten wir uns selbst für engagiert.

Je größer die Veränderung ist, desto anspruchsvoller wird die Anpassung. Das zeigt die aktuelle Krise sehr eindrücklich. Wie gut wir mit äußeren Veränderungen umgehen können, hängt im Wesentlichen davon ab, wie sehr unser Umfeld unser Selbstbild beeinflusst. Definieren wir uns über die Meinungen, Erwartungen und Bestätigungen anderer, verlieren wir an Orientierung, sobald sich unser Umfeld verändert. Wissen wir jedoch, was wir – losgelöst von unserer Umgebung – brauchen, damit es uns gut geht, dann bleiben wir stehen, wenn die Welt um uns herum wankt. Wir sind dann zwar nicht immun gegenüber Veränderungen von außen, denn wir stehen ja in einem ständigen Austausch mit unsrer Umwelt. Wir müssen uns aber nicht neu definieren. Wenn wir unsere echten Bedürfnisse kennen und sie leben, sind wir viel rascher in der Lage, neue Wege in einer sich verändernden Umwelt zu entdecken.

Echte Bedürfnisse wiederfinden

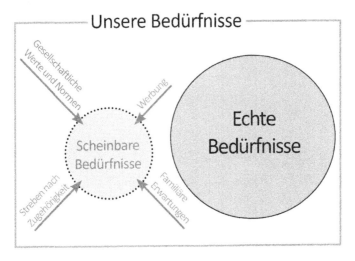

Abb. 2: Echte Bedürfnisse

Um mit sich selbst in Kontakt zu kommen und seine eigenen Bedürfnisse wieder zu entdecken, muss man nicht gleich einen Ozean überqueren. In erster Linie braucht es Achtsamkeit und Aufmerksamkeit sich selbst gegenüber. Kritisches Hinterfragen ist essentiell: Woher kommen die Magenschmerzen jeden Morgen? Weshalb bekomme ich immer Kopfschmerzen, wenn ich mein Mail-Programm öffne? Was löst die Aggression aus, die ich abends oft spüre, wenn das Baby einfach nicht einschlafen will? Warum schaue ich rasch weg, wenn ich zwei Menschen Händchen halten sehe? Weshalb bekomme ich Herzrasen, wenn ich in einen Bus einsteigen muss?

So vielfältig wie die Fragestellungen sind die Wege, auf denen wir unseren echten Bedürfnissen begegnen. Dem einen nützt tägliche Meditation, der anderen ein ausgiebiger Waldspaziergang, dem nächsten ein mehrtägiger Rückzug ins Kloster, der vierten eine Atlantiküberquerung und dem fünften hilft erst ein Krankenhausaufenthalt auf die Sprünge.

So könnte es sein...

Plötzlich hat Stefan Zeit. Viel Zeit. Und Ruhe. Nach einem Darmverschluss mit Notoperation liegt er im Krankenhaus. Dass er in Lebensgefahr geschwebt ist, hat er gar nicht richtig mitbekommen.

Es geht ihm gut. Klar, die Operationswunde schmerzt. Aber er ist draußen. Draußen aus seinem Alltag voller be-

lastender Verpflichtungen. Das fühlt sich gut an. Zum ersten Mal seit Langem schläft er traumlos und wacht entspannt auf. Die Magenschmerzen sind fort.

Auslöser des Darmverschlusses war eine Magen-Darm-Entzündung, sagt der Arzt. Ausgelöst durch sein gestörtes Essverhalten, weiß Stefan. Dass er unter psychischem Stress nichts essen kann, war ihm schon lange klar. Wie gefährlich das für seine körperliche Gesundheit ist, hat er erst jetzt verstanden.

Was nun? Zurück in die Schule ist unmöglich. Dann liegt er in ein paar Wochen wieder hier. Oder unter der Erde. Unterrichten war nie seine Leidenschaft. Doch mit seinem Physikstudium konnte er nach seinem Abschluss nichts anderes anfangen. So ist er am Gymnasium gelandet. Zwölf Jahre ist das nun her. Zwölf Jahre Magenschmerzen und Fehlernährung. Dabei würde er viel lieber mehr Zeit für seine Freundin Tamara haben. Und für den Sport, die Natur und die wissenschaftliche Forschung.

Es ist ratsam zu handeln, bevor man in Stefans Situation ist. Wichtig bei der Auseinandersetzung mit den oben umrissenen Fragen sind dabei zwei Voraussetzungen: Ehrlichkeit und die Bereitschaft, loszulassen. Beides kann schmerzhaft sein, weshalb wir uns gerne darum drücken.

Ehrlichkeit bedeutet, sich selbst gegenüber einzugestehen, dass man sich etwas vorgemacht hat. Je zentraler die Illusion im eigenen Leben ist, desto schmerzhafter ist es, sie aufzulösen. Dazu muss man loslassen können.

Wir Menschen kontrollieren von Natur aus gerne, denn Kontrolle vermittelt uns Sicherheit. Loslassen bedeutet, Kontrolle aufzugeben. Jeder, der Kinder hat, weiß, wie schwer das ist. Loslassen kann nur in Verbindung mit Vertrauen gelingen. Dem wichtigen Thema Loslassen haben wir im dritten Schritt ein eigenes Unterkapitel gewidmet.

Häufig lässt man sich erst auf die gründliche Auseinandersetzung mit seinen Bedürfnissen ein, wenn bereits ein gewisser Leidensdruck besteht. Das können, wie im Fall von Stefan, körperliche Herausforderungen sein oder psychische Beschwerden bis hin zu Burnout oder Depression. Nicht selten sind es der Verlust eines geliebten Menschen, die Pensionierung oder auch der Auszug der eigenen Kinder, die eine Lücke hinterlassen. Immer dann, wenn eine Veränderung eintritt, die uns betrifft, die wir aber nicht selbst gewollt oder aktiv herbeigeführt haben, sind wir gezwungen zu reagieren.

Diese Beispiele haben gemein, dass wir uns in einer Situation der persönlichen Schwäche befinden. Meist empfinden wir Trauer, Schmerz oder Erschöpfung und sind erst einmal gar nicht in der Lage, angemessen zu reagieren.

Viel leichter ist es, wenn wir aus unserer Stärke heraus handeln. Das können wir aber nur, wenn wir unser Leben hinterfragen, solange es uns – alles in allem – gut geht. Indem wir achtsam sind, kleine körperliche Signale wahrnehmen und richtig interpretieren und auf unsere Stimmungen achten. Sind wir leicht reizbar, latent genervt, rasch frustriert oder immer unter Druck, dann läuft etwas nicht so, wie es laufen sollte.

Übung 5:

1. Wann hast du das letzte Mal aus ganzem Herzen gelacht? Schreibe auf.
2. Worüber hast du dich das letzte Mal so richtig gefreut?
3. Wann warst du das letzte Mal voller Energie und Tatendrang, voller Begeisterung?
4. Wann hast du dich das letzte Mal rundum wohl gefühlt?

Wenn du auf mindestens eine der Fragen keine Antwort weißt oder die Situation mehrere Monate zurückliegt, kannst du das als Hinweis darauf nehmen, dass deine echten Bedürfnisse nicht ausreichend befriedigt werden.

Hin und wieder ist es aber auch nicht so offensichtlich, dass man nicht im Einklang mit den eigenen Ressourcen und Bedürfnissen ist. Dann plätschert das Leben so vor sich hin, alles geht seinen Gang, man ist weder unzufrieden noch übermäßig glücklich. In diesem bequemen Stadium können es unscheinbare Dinge oder Begegnungen sein, die uns die Augen öffnen und uns aufrütteln. So war es bei uns.

Unsere Erfahrung

2009 lebten wir mit vier Kindern in einem Haus in den Schweizer Bergen. Michael arbeitete als Chorleiter und Stimmbildner und war dadurch vorwiegend von nachmittags bis in den späten Abend hinein unterwegs. Corina arbeitete Teilzeit als Lehrerin und war zweimal wöchentlich außer Haus. Das älteste Kind besuchte den Kindergarten, dadurch richtete sich der Tagesablauf in der Familie nach dem Stundenplan des Kindergartens.

Unser Dorf lag im Urlaubskanton der Schweiz, um unser Haus breiteten sich Wald und Wiesen aus. Wir engagierten uns im Dorfchor als Dirigent resp. Sängerin sowie als Samariterin im hiesigen Verein und waren dadurch mit vielen der Dorfbewohner bekannt, mit einigen befreundet.

Es waren kleine Dinge, die nicht ganz passten. An den Tagen zuhause litt Corina unter dem Termindruck des Kindergartens: Nach durchwachten Nächten mit dem Säugling klingelte um halb sieben der Wecker, das noch schlafende älteste Kind musste geweckt werden. Fürs Frühstück war es noch zu müde, es verließ um 07.30 das Haus. Nach und nach standen die jüngeren Kinder auf. Bis die Küche nach dem Frühstück aufgeräumt war, war es 10.00 Uhr. Ein kurzer Spaziergang, der meistens in Stress ausartete, weil kurze Spaziergänge mit Kindern zwischen ein und vier Jahren naturgemäß unmöglich sind. Um 11.00 kochen, damit sich das älteste Kind, das zum Mittagessen nach Hause kam, pünktlich um 13.15

Uhr wieder auf den Weg in den Kindergarten machen konnte. Diese Terminvorgaben von außen setzten Corina unter anhaltenden Druck.

Michaels Arbeit ließ sich nur bedingt mit dem Familienrhythmus vereinbaren. Tagsüber bereitete er sich auf seine Einsätze vor und abends, wenn die Kinder schliefen, war er fort. Für unsere Partnerschaft war das eine Herausforderung. Wir meisterten sie, indem wir gemeinsame Kulturprojekte organisierten und gelegentlich eine Babysitterin für die Kinder engagierten.

Vielleicht hätten wir so weiter gemacht. Hätten das ungute Gefühl ignoriert, das uns beschlich, wenn die Älteste nach dem Kindergarten darum bat, unsere e-mail-Adresse für einen Online-Spielaccount nutzen zu dürfen, weil ihre Freundinnen das auch taten. Wären weiter zwischen Kinderschwimmen, Rhythmischer Sportgymnastik, Ballett und Kinderturnen hin- und hergependelt. Hätten hin und wieder einen Ausflug als Familie gemacht und nach Freiräumen gesucht, in denen alle zuhause waren und niemand eine Verpflichtung hatte.

Vielleicht.

Wenn uns nicht eines Tages zufällig ein Buch im Schaufenster einer Bibliothek aufgefallen wäre. Das Buch über eine Familie, die um die Welt gesegelt ist. Diesen Moment vor der Bibliothek werden wir nie vergessen. Er schlug ein wie ein Blitz. Wir wussten mit einem Schlag, wie wir die kommenden Jahre verbringen wollten.

Dabei sind wir beide in den Bergen aufgewachsen, ohne Zugang zum Meer und ohne Bezug zum Segeln. Der Buchtitel aktivierte folglich keine Erinnerungen, sondern stieß auf zwei Bedürfnisse, die für uns elementar sind und die wir intuitiv mit dem Leben auf einem

Boot verbanden: Die Bedürfnisse nach Freiheit und Eigenverantwortung.

Wer die Entdeckung der echten Bedürfnisse nicht dem Zufall überlassen will, der kann sich gezielt auf die Suche machen. Eine Möglichkeit, die wir gerne etwas ausführlicher vorstellen möchten, ist durchs Spiel. Nando Stöcklin hat sich in seiner Dissertation intensiv mit Spielen auseinandergesetzt. 2017 startete er unter dem Label *Spiel dein Leben* ein Selbstexperiment, inwiefern es möglich ist, das erfüllende und beglückende Gefühl des Spielens auf das Leben zu übertragen. Mittlerweile ist er überzeugt, dass die echten Bedürfnisse sich beim Spielen manifestieren, Menschen aber auch dank des Spiels zurück zu ihren echten Bedürfnissen finden können.

Spielen als Wegweiser

Von Nando Stöcklin

„Timo thront auf einem Stuhl. In der linken Hand hält er eine Schöpfkelle aus Holz. In der rechten einen Schwingbesen. Zwischen seinen Beinen klemmt ein Besenstiel.

Der Besen ist mit einem Strick am Stuhl befestigt. Timo brummt wie ein Bagger, hebelt an Schöpfkelle und Schwingbesen und drückt mit den Beinen den Besen in die gewünschte Position. Er liebt es, Baggerfahrer zu spielen.

Was ist spielen?

Keine andere Tätigkeit ruft eine so tiefe Begeisterung hervor wie spielen. Bei keiner anderen Tätigkeit sind Kinder so vertieft. Spielen ist eine magische Tätigkeit. Aber was genau ist ein Spiel und was ist das Geheimnis der Magie dahinter?

Jeder Mensch hat ganz persönliche Talente und Interessen. Eine individuelle Veranlagung. Spielen ist das Mittel der Natur, um diese Veranlagung zu leben, die Talente Schritt für Schritt zum Blühen zu bringen, immer entsprechend dem aktuellen Entwicklungsstand. Spielen ist das Mittel der Natur, um unsere Natur zu leben.

Beim Spielen packen wir aus freien Stücken eine Herausforderung an, die kein anderes Ziel verfolgt, als einfach Freude zu haben. Was Freude bereitet, wird von der Veranlagung bestimmt. Mit anderen Worten: Spielen bedeutet, eine Tätigkeit anzupacken, die dem Innersten entspringt.

Wer nicht spielt, lebt nicht wirklich.

53

Studien zeigen, dass Kinder nirgendwo so glücklich sind wie beim Spielen. Der Grund ist einfach: Beim Spielen ist das Tun im Einklang mit dem Wollen. Das Innen verbunden mit dem Außen. Die echten Bedürfnisse gestillt. Das fühlt sich stimmig an.

Spielen ist nicht nur das Mittel der Natur, um unsere Veranlagung zu leben. Spielen ist auch das Mittel der Natur, um Glück und Erfüllung zu erfahren. Bereits Friedrich Schiller schrieb: „Der Mensch spielt nur, wo er in voller Bedeutung des Wortes Mensch ist, und er ist nur da ganz Mensch, wo er spielt."

Die meisten Menschen hören irgendwann zu spielen auf. Weshalb? Kein Mensch würde freiwillig dieses wunderbare Werkzeug der Natur in die Ecke stellen. Der Grund sind die Erwachsenen.

In der industrialisierten Gesellschaft gingen sie davon aus, dass sie besser als die Kinder wussten, was für diese gut war. Sie definierten, was die Kinder wann lernen sollten. Welche Leistungserwartungen sie wann erfüllen mussten. Das schien aus damaliger Sicht sinnvoll, denn das Erwerbsleben funktionierte nach demselben Muster: Vorgesetzte definierten, was ihre Mitarbeitenden zu leisten hatten, damit sie Ende des Monats ihren Lohn dafür abholen konnten.

Der Lehrplan ist für die Kinder das, was Stellenbeschriebe für Erwachsene sind. So lernen Kinder während der ganzen Schulzeit, dass das, was Erwachsene von ihnen erwarten, wichtiger ist, als das, was ihrem Innersten entspringt. Nach und nach verlieren die meisten den Bezug zu ihren Leidenschaften, zu ihren echten Bedürfnissen und somit zu sich selbst.

Spielen anstatt zu arbeiten

Lohnarbeit ist uns nach zwei Jahrhunderten Industrialisierung ins Blut übergegangen. Wir empfinden es als ganz normal, nach der Schule eine möglichst gute Ausbildung zu absolvieren und dann eine sichere Arbeitsstelle zu suchen. Wir werden zu Arbeitnehmenden erzogen, von Anfang an. Aber können wir dabei unsere echten Bedürfnisse wirklich ausleben? Ist der Job unser Traumjob? Gemäß Erhebungen in den USA ist das bei 80 Prozent der Arbeitnehmenden nicht der Fall.

Was wäre, wenn nie ein Keil zwischen uns und das Spielen getrieben würde? Wir bringen Spielen automatisch mit Kindern in Verbindung. Doch schauen wir uns obige Definition nochmals genau an: Beim Spielen packen wir eine selbst gewählte Herausforderung an, die kein anderes Ziel verfolgt, als einfach Spaß zu haben. Da steht nichts von Kindern. Die Vorstellung, dass Spielen etwas für Kinder ist, stammt ebenfalls aus der industrialisierten Zeit. Weshalb sollten nicht auch Erwachsene einfach aus Freude eine Herausforderung anpacken?

Die gängigste Antwort auf diese Frage lautet: Wir müssen ja Geld verdienen! Ja, aber wäre es nicht toll, Geld zu verdienen mit dem, was uns einzigartig macht? Mit unseren Talenten? Heute ist das sehr viel einfacher möglich als noch im letzten Jahrtausend.

Vielleicht verspürst du einen ganz großen Drang, etwas Bestimmtes zu tun. So wie Corina und Michael den Drang zum Segeln und Schreiben verspürten. In dem Fall kannst du diesen ersten Schritt überspringen. Dann los, kehre zurück in das Spiel deines Lebens! Ansonsten kannst du zwei Schritte dazwischen legen.

Übung 6:

1. Finde deine persönlichen Antriebskräfte heraus.

Schnappe dir ein Blatt Papier und schreibe alle Spiele auf, die dich im Laufe des Lebens fasziniert haben – denn im Spielen liegt das Geheimnis von dir verborgen. Spiele in deiner Kindheit, deiner Jugendzeit, im Erwachsenenalter. Denke aber nicht an Spiele, sondern einfach an Tätigkeiten, die dich fasziniert haben. Denn wie beschrieben ist unsere Vorstellung vom Spielen ebenfalls stark industriell geprägt und wir sehen nicht das freie Spiel vor uns, sondern Wettbewerbs-Spiele wie Fußball, Poker oder Ähnliches.

Lasse dir Zeit dazu. Wenn du fertig bist, nimm alles andere dazu, was dich fasziniert oder fasziniert hat: Geschichten, zum Beispiel in Büchern oder Filmen; Menschen; fiktive Charaktere; Wunschträume.

Dann gehe jede einzelne Faszination durch und überlege dir, was genau dich daran fasziniert. Notiere dir all diese Motivatoren. Du wirst erkennen, dass sich viele Motivatoren wiederholen oder stark ähneln. Fasse sie nun zusammen, ohne, dass Aspekte von dir auf der Strecke bleiben. Vermutlich werden etwa fünf Punkte übrig bleiben. Das sind deine persönlichen Antriebskräfte.

2. Designe dir deinen Traumjob

Schreibe nun deine Antriebskräfte auf separate Kärtchen. Schreibe auch auf Kärtchen, welches spezielle Wissen du hast, welche besonderen Fähigkeiten, welche besonderen Erfahrungen.

Nun beginnt das Spiel, bei dem du gerne auch Personen aus deinem Umfeld beiziehen kannst: Legt alle Kärtchen verdeckt auf einen Stapel, mischt ihn und deckt die obersten zwei Kärtchen auf. Welche Tätigkeit könnt ihr aus diesen beiden Kärtchen ableiten? Schreibt sie auf. Deckt ein weiteres Kärtchen auf. Lässt sich das in die Tätigkeit integrieren, indem ihr sie präzisiert?

Deckt ein Kärtchen nach dem anderen auf und versucht, die Antriebskraft, die Erfahrung, das Wissen oder Können zu verbinden mit der bereits definierten Tätigkeit. Gelingt euch das nicht mehr, deckt ein weiteres Kärtchen auf und beginnt, eine neue Tätigkeit zu definieren. Indem ihr die bereits aufgedeckten Kärtchen wieder in den Stapel mischt, könnt ihr beliebig lange Tätigkeiten definieren.

Diese Tätigkeiten entsprechen deiner Persönlichkeit. Spricht dich eine besonders an? Dann überlege dir, wie du möglichst schnell testen kannst, ob sie sich wirklich so anfühlt, wie du dir sie vorstellst und ob sie realisierbar ist. Führe dazu Interviews, probiere aus, spiele.

Das ist der Beginn auf dem Weg zurück zu dir und deinen echten Bedürfnissen. Reflektiere regelmäßig, was an dieser Tätigkeit dich wirklich fasziniert, und was dir missfällt. Du kannst dein Spiel entsprechend ständig anpassen. So findest du immer mehr zurück in das natürliche Spiel deines Lebens. Auf dem Weg dahin wirst du erkennen, dass du vom Leben alles erhältst, was du zu deinem Spiel brauchst, genauso, wie du auch deine Veranlagung und dein Spiel erhalten hast."[12]

Freunde als Wegweiser

Manchmal können uns auch andere Menschen auf der Suche nach unseren Bedürfnissen helfen. Zum Beispiel Geschwister, die uns daran erinnern, dass wir doch als Kind immer so leidenschaftlich gern Theater gespielt, gesungen, geschrieben, mit den Meerschweinchen gespielt, mit Elektrogeräten experimentiert oder mit Holz gearbeitet haben. Solche Aussagen können, wie Nando ausgeführt hat, einen Impuls darstellen, der uns wieder näher zu unseren Bedürfnissen führt. Oder Gespräche mit dem besten Freund, der uns kritische Fragen stellt zu unserer Zufriedenheit mit unserem Beruf, zur Partnerschaft oder zu unserer Angewohnheit, den Tag ausschließlich sitzend zu verbringen. Auf der Suche nach dem, was uns gut tut, können Mitmenschen, die uns mögen, hilfreich sein.

---

[12] Mehr von Nando Stöcklin in „Spiel dein Leben – Über die Leichtigkeit des Lebens; Eine befreiende Erzählung"; April 2021

So könnte es sein...

Noch immer beflügelt durch ihre Absage an die Fachzeitschrift trifft Petra ihre beste Freundin Sarah im Café.

„Hi, Liebe! Du siehst gut aus!" Sarah lächelt.

„Danke! Es geht mir auch gerade blendend. Ich hab' gestern meine Teilnahme am Schreiben für eine Fachzeitschrift abgesagt. Fühlt sich super an."

„Okay, Schreiben war noch nie deine Leidenschaft." Sarah grinst. „Aber du machst deinen Job doch gerne, oder?"

„Ja, sehr." Petra stutzt. Sarah hat mit ihrer Frage etwas angestoßen. „Oft ist es mir einfach zu viel, 60% Arbeit, die Kinder und der Haushalt."

„Die Kinder sind ja schon so groß! Tom wird 12 und Leonie ist vierzehn, die sind doch bestimmt schon ein bisschen selbstständig und können im Haushalt mithelfen."

„Ja, die beiden schon. Aber Max ist erst sieben, der braucht mich noch viel."

Sie schweigen und nippen an ihren Kaffeetassen.

„Würdest du mehr im Gericht arbeiten, wenn du keine Kinder hättest?"

„Klar, dann würde ich ein Vollpensum machen und das Gerichtspräsidium anstreben." Die Antwort kommt so spontan, dass sich Petra erschrocken aufrichtet.

„Na dann." Sarah lächelt sie ermunternd an.

„Was, na dann?" Irritiert runzelt Petra die Stirn.

„Dann weißt du ja jetzt, was du willst."

Fazit: Der erste Schritt im Aufbruch ist die Wiederentdeckung unserer echten Bedürfnisse, deren Befriedigung uns nachhaltig zufrieden und glücklich macht. Auch ein Waldspaziergang kann uns zufrieden machen, aber diese Zufriedenheit hält nur so lange an, bis wir uns über den Nachbarn, die Arbeitskollegin, die Kinder oder die Rechnung vom Finanzamt ärgern. Darum geht es nicht. Die Zufriedenheit durch Befriedigung echter Bedürfnisse manifestiert sich auf einer tieferliegenden Ebene in uns und stärkt uns von innen heraus. Wenn wir solche echten Bedürfnisse bei uns identifiziert haben, können wir den zweiten Schritt machen: Ziele entwickeln.

Es geht uns besser, wenn wir unser Leben an unsere Bedürfnisse anpassen und nicht unsere Bedürfnisse an unser Leben.[13]

[13] © Corina Lendfers

2. Schritt: Wie weiter?

Sobald wir unsere echten Bedürfnisse wiedergefunden haben, haben wir den ersten großen Schritt auf dem Weg zum Aufbruch geschafft. Als nächstes geht es nun darum, dass wir uns überlegen, wie wir unsere Bedürfnisse künftig befriedigen können.

Es gibt Menschen, die beim ersten Schritt stecken bleiben. Nicht, weil sie die Notwendigkeit der Veränderung nicht erkannt hätten. Aber der Mensch möchte von Natur aus möglichst wenig Veränderung. Denn für Veränderung braucht es Energie. Evolutionär benötigen wir Energie um zu überleben. Daher lautet die Devise: Energie sparen für schlechte Zeiten.

Andere Gründe, die uns vom Aufbrechen abhalten können, obwohl wir die Notwendigkeit dazu erkannt haben, sind verschiedene Ängste: die Angst vor dem Loslassen, vor Hindernissen und Widerständen, vor Kritik, vor dem Scheitern. Das alles sind innere Hürden, die wir überwinden müssen. Durch diese Ängste flüchten wir uns gerne in Ausreden: „Ach komm, lass es. Es geht doch auch so. Heute nicht. Vielleicht morgen. Keine Zeit. Kein Geld. Nächstes Jahr bestimmt. Nach dem Bonus klappt's."

Damit wir diese Hürden, die inneren Widerstände, überwinden können, brauchen wir ein Ziel, auf das wir hinarbeiten können.

Als Dozent an einer Wirtschaftsuniversität wird Michael immer mal wieder von Studierenden gefragt:

„Mein Ziel ist es, im Beruf erfolgreich zu werden. Was muss ich tun?"

„Mein Ziel ist es, ein Vermögen aufzubauen. Was muss ich tun, um viel Geld zu verdienen?"

„Mein Ziel ist ein top Abschluss an der Uni. Was braucht´s, um eine gute Note zu bekommen?"

Betrachten wir diese Ziele. „Erfolg im Beruf", „viel Geld", „top Abschluss". Mit dieser Sichtweise kann es passieren, dass wir Dinge tun, um diese Ziele zu erreichen, die nicht unseren echten Bedürfnissen entsprechen. Dinge, für die wir nicht die notwendigen eigenen Ressourcen haben. Wenn wir unsere Ziele nicht in Einklang mit unseren Ressourcen bringen, ist das Resultat nicht Handlung, sondern Scheitern. Konsequenz: Unzufriedenheit, Stress bis hin zu Burnouts und anderen Krankheiten. Als Ziele sind die oben genannten Aussagen daher ungeeignet.

Wenn wir die Perspektive wechseln, verändert sich auch der Weg: Nicht Erfolg als Ziel, sondern Erfolg als Resultat.

Unter Erfolg verstehen wir gemäß Duden ein positives Ergebnis einer Bemühung beziehungsweise das Eintreten einer beabsichtigten, erstrebten Wirkung. Erfolg ist demnach weder an Finanzen noch an Anerkennung gekoppelt.

Die Angst vor dem Scheitern ist für viele Menschen zentral. Doch was genau bedeutet Misserfolg? Oder anders herum gefragt: Wann stellt sich Erfolg ein? Wann können wir unser Ziel erreichen? Leidenschaft, Disziplin und Hartnäckigkeit sind die Grundlagen, um erfolgreich zu sein. Als Voraussetzung dazu braucht es Selbstkenntnis. Welches sind unsere echten Bedürfnisse? Welche natürlichen, eigenen Ressourcen stehen uns zur Verfügung?

Die Gründung einer Firma, ein Berufswechsel, der Neuanfang in einem anderen Land, mit 34 Operngesang studieren, mit 60 ein Instrument lernen oder mit 70 den Segelschein machen: alles ist möglich, mit Leidenschaft, Disziplin und Hartnäckigkeit. Nicht rücksichtslos, sondern bescheiden und voller Liebe zu uns selbst und zu unserer Umgebung. Wir können alles schaffen, wenn wir uns auch von Rückschlägen nicht entmutigen lassen, immer wieder neue Wege und neue Zugänge zu unserer Passion suchen. Es muss auch nicht eine einzige Leidenschaft geben. Kann, aber muss nicht. Das Leben ist so reich, so vielfältig, so spannend, wir können über Jahre verschiedene Leidenschaften entwickeln. Einige davon verfolgen wir länger und intensiver, andere weniger.

Schauen wir uns die drei Grundlagen für Erfolg etwas genauer an.

Leidenschaft: Was wir leidenschaftlich tun, tun wir mit Freude, mit intrinsischer Motivation. Niemand muss uns antreiben oder ermuntern. Wir stehen morgens gerne auf und möchten abends kaum ins Bett gehen.

Disziplin: Der Psychologe Roy Baumeister hat erforscht, was erfolgreiche Menschen auszeichnet. Seine Erkenntnis: Eine wesentliche Rolle im Zusammenhang mit Erfolg spielt Selbstdisziplin. Baumeister[14] beweist, dass sich Disziplin wie ein Muskel langfristig trainieren und stärken lässt. Am besten gelingt das durch Minischritte. Die guten Vorsätze am Jahresende führen in der Regel zu keiner Veränderung. Wenn wir uns hingegen kleine Ziele vornehmen und diese umsetzen, lernt unser Gehirn, dies auch für die größeren Ziele anzuwenden. Wichtig sind dabei stetige Wiederholung und Übung. Damit steigt die Chance, die großen Ziele zu erreichen.

Hartnäckigkeit: sich nicht entmutigen lassen. Nicht immer kommen wir auf direktem Weg zu unserem Ziel. Das heißt nicht, dass unser Ziel falsch ist, sondern nur, dass wir den richtigen Weg noch nicht gefunden haben. Dass wir unsere Ressourcen noch nicht richtig eingesetzt oder uns notwendige Unterstützung nicht geholt haben. Unser Gehirn kann lernen, dass Scheitern und Umfallen zum persönlichen Wachsen gehören.

Erfolg ist die automatische Folge, wenn wir leidenschaftlich, diszipliniert und hartnäckig das tun, wofür wir brennen. [15]

Wie aber formulieren wir nun Ziele, die unsere Bedürfnisse befriedigen und so attraktiv sind, dass wir den Schritt von der Erkenntnis zur konkreten Planung tat-

---

[14] Baumeister, R., Tierney, J. (2011). Die Macht der Disziplin.
[15] © Michael Berndonner

sächlich auch machen – trotz Energieaufwand und verschiedenen Ängsten oder Zweifeln?

Ziele formulieren

Wir haben für uns ein Modell entwickelt, mit dem wir
unsere kleinen und großen Ziele entwickeln und formulieren:

Abb. 3: Zielformulierung

Die Stichworte im Einzelnen:

Bedürfnisorientiert: Je besser wir das Bedürfnis kennen, welches wir befriedigen möchten, desto klarer können wir das Ziel entwickeln und formulieren. Also: das Ziel konsequent auf das Bedürfnis ausrichten.

Emotional: Ohne Emotionen können wir keine Entscheidungen treffen. 1982 stieß der Neurologe Antonio Damasio bei seinem Patienten Elliot zufälligerweise auf diese Erkenntnis. Elliot wurde ein Hirntumor entfernt. Dieser hatte das vordere Stirnhirn betroffen, ein Zentrum für Emotionen. Elliot war in der Folge nicht mehr in der Lage, Entscheidungen zu treffen. Die Wissenschaft verabschiedete sich damals von der Annahme, es gebe ausschließlich rationale Entscheidungen.[16]

Realistisch: Es nützt nichts, sich Ziele zu setzen, die nicht oder kaum erreichbar sind. Wir entwickeln Ziele, auf die wir uns freuen und die in absehbarer Zeit umsetzbar sind.

Konkret: Wir formulieren unser Ziel im Endzustand. Wir stellen uns diesen Zustand so konkret wie möglich vor. Wenn möglich ist auch ein zeitlicher Horizont hilfreich, bis wann wir unser Ziel in etwa erreicht haben möchten. Je nach Komplexität der angestrebten Veränderung ist die Zeitvorgabe konkreter oder weiter gefasst.

---

[16] Morse, Gardiner. (2005). Decisions and Desire. In Harvard Business Review.

Empathisch: Wir wechseln bei der Entwicklung und der Formulierung unseres Ziels immer mal wieder die Perspektive. Wir betrachten unser Ziel und den Weg dahin mit den Augen der Menschen, die von unserer Entscheidung betroffen sein werden. Das heißt nicht, dass wir unser Ziel den Ansprüchen dieser Menschen anpassen. Es bereitet uns aber auf ihre Reaktionen vor und lässt uns nach Lösungen suchen, die für unsere Mitmenschen leichter anzunehmen sind.

Kooperativ: Unser Ziel soll uns selbst gut tun, aber anderen nicht schaden. Im besten Falle beeinflussen wir durch die Erreichung unseres Ziels auch unsere Umwelt in positivem Sinn. Nicht immer ist bei der Zielsetzung klar, ob der Anspruch der Kooperation erfüllt werden kann. Wenn man sich von seinem Partner (Geschäfts- oder Lebenspartner) trennt, kann das unter Umständen negative Auswirkungen auf den Partner haben, für uns aber trotzdem richtig sein. Das Ergebnis hängt stark von der Beziehungsqualität zu den Menschen in unserem Umfeld ab.

Herausfordernd: Wir alle haben diese Erfahrung gemacht: Wenn wir uns für die Erreichung eines Ziels ordentlich anstrengen müssen, ist das Glücksgefühl anschließend umso größer. Hier gilt es, das richtig Maß an Herausforderung zu finden.

Positiv: Wir vermeiden negative Aussagen, wir denken und formulieren positiv. Mit positiven Aussagen und einer positiven Einstellung können wir uns zielführend programmieren. NeurologInnen bestätigen: Unser Nervensystem weiß nicht, ob es uns wirklich gut geht, oder wir nur so tun als ob. Ständig wiederholte Gedanken und Worte üben einen fast zwingenden Einfluss auf unser Unterbewusstsein aus.[17]

So könnte es sein...

Der Gedanke daran, ihr Pensum auf 100% aufzustocken, lässt Petra nicht mehr los. Sie fühlt sich dabei plötzlich leicht und voller Energie. Wenn sie aufstocken würde, dann könnte ihre Arbeitskollegin Nadine auf 60% reduzieren, das möchte sie schon seit Längerem. Petra würde morgens um 07.00 Uhr das Haus verlassen, könnte sich den ganzen Tag konzentriert ihrer Arbeit widmen und wäre aufs Abendessen wieder zuhause. Sie hätte dann den Kopf frei für die Kinder und Zeit für die Partnerschaft. Und wohl auch mehr Zeit für sich selbst. Das Ganze ließe sich vielleicht bereits auf Anfang Februar umsetzen.

Jetzt braucht sie nur noch eine Lösung für die Kinder. Max wäre überfordert, wenn er nachmittags nach Hause käme und allein wäre. Leonie und Tom sind meistens länger in der Schule als er. Jemand müsste sich um Max kümmern. Und ums Abendessen, denn vor 19.00 Uhr wäre sie nicht zuhause. Es wäre eine Umstellung für alle. Petra beschließt, mit ihrer Familie zu reden.

---

[17] Vgl. Hüther, G. (2014). Wie Visionen das Gehirn, die Menschen und die Welt verändern.

Petras persönliches Ziel ist es, konzentrierter ihrer Arbeit nachgehen zu können, die sie leidenschaftlich gerne macht (bedürfnisorientiert, emotional). Die Wahrscheinlichkeit, dass sie ihr Arbeitspensum erhöhen kann, ist groß (realistisch). Sie hat eine Vorstellung davon, ab wann sie mehr arbeiten könnte und wie ihr Tag dann aussehen würde (konkret). Sie versetzt sich in die Lage ihrer Kinder (empathisch) und nimmt sich vor, mit ihrer Familie zu sprechen, um einen Weg zu finden, der für alle Familienmitglieder stimmig ist (kooperativ). Es ist ihr bewusst, dass ihre Entscheidung eine Umstellung für die ganze Familie wäre (herausfordernd). Sie sucht nach Lösungen, nicht nach Hindernissen (positiv).

Wenn wir unsere Ziele formulieren, ist es ganz wichtig, den Weg zum Ziel nicht aus den Augen zu verlieren. Denn unabhängig davon, welches Ziel wir uns setzen: Wir werden es nur erreichen, wenn uns der Weg zum Ziel begeistert.

Unsere Erfahrung

Michael: Ich erinnere mich gut an meine Zeit als Chorleiter und Dirigent. Ein begeistertes Publikum am Schluss eines Konzerts, „standing ovations", Händeschütteln, das Bad in der Menge, eine tolle Abschluss-Party des Projekts. Dopamin-Ausstoß ohne Ende. Lachen, glückliche Gesichter. Und dann: das Loch. Leere. War´s das schon?

Wer große Erfolge feiert, kennt dieses Gefühl. Denn der Moment des Erfolgs ist kurz. Ich gab nie ein Konzert um dieses Erfolgs willen. Sondern um der Musik willen. Und der Menschen, die sich mir als ihrem Dirigenten anvertraut hatten. Der Weg zum Konzert hat mich mindestens so befriedigt wie der Moment auf der Bühne.

Oder das Gefühl, als ich im Juni 2003 nach 17 Stunden auf dem höchsten Berg des Kaukasus stehe: dem Mount Elbrus auf 5´642 Metern Höhe. Unbeschreiblich. Dafür habe ich lange und hart trainiert. Natürlich wollte ich auf dem Gipfel stehen. Doch alleine die ganze Vorbereitung und die spannende Reise durch Südrussland waren einzigartig.

Oder der Moment, als wir mit unserer Segelyacht PINUT nach 18 Tagen auf dem Atlantik in den Maroni-Fluss in Französisch-Guyana einfahren. Südamerika! Links und rechts Mangroven-Wälder und das Konzert von Brüllaffen und exotischen Vögeln. Auf diesen Moment haben wir Jahre hingearbeitet. Es ging uns aber nie darum zu beweisen, dass wir das als 7-köpfige Familie können. Nein, wir brannten von Anfang an für die Idee, auf einem Schiff zu leben und zu segeln. Die Überquerung des Atlantiks war das Resultat einer stetigen Entwicklung, getrieben von unserer Leidenschaft.

Gegenüberstellung von Chancen und Gefahren

„Wie bitte? Ihr macht für eure Familie eine SWOT-Analyse? Wozu soll das denn gut sein? So was gehört in ein Unternehmen, aber doch nicht in die Familie. Mein Bauchgefühl sagt mir, wie ich mich entscheiden soll."

Diesen Satz hören wir oft. Ja, der Bauch gehört beim Entscheiden dazu. Wenn wir uns aber nur auf unseren Bauch verlassen, dann kann es uns passieren, dass wir unangenehm überrascht werden, wenn etwas nicht so eintrifft, wie wir es erwartet haben. Und wenn wir dann keine Idee haben, wie wir reagieren sollen. Bauch, Herz und Kopf gehören zusammen. Wenn wir alle drei einsetzen, sind wir auf gutem Weg.

Unsere Entscheidungsfindung wird immer beeinflusst durch unser Umfeld, unsere Umwelt, unsere Werte und Normen, unsere Biografie und besonders auch durch unsere selektive Wahrnehmung: Wir Menschen tendieren dazu, die Dinge so zu sehen, wie wir sie sehen möchten. Nüchtern betrachtet ergibt sich aber vielleicht ein anderes Bild. Wir tendieren auch dazu, Erfahrungswissen stark zu gewichten. Das kann dazu führen, dass wir uns den Blick für künftige Ereignisse verbauen. Ein weiterer Beurteilungsfehler kann der sogenannte „Halo-Effekt" sein: Wir geben gerne Einzelereignissen oder einzelnen Charakteristiken zu viel Gewicht. Das überstrahlt dann die tatsächliche Situation.

Beispiel: „Als Kind wurde mir beim Autofahren in den Bergen immer schlecht. Durch diese Erfahrung bin ich sicher, dass ich niemals einen Segeltörn mitmachen könnte." Oder: „Ja klar, der war ja Banker. Der kann es sich natürlich leisten, ein paar Jahre auszusteigen. Bei mir ginge das nie."

Wir dürfen nicht alles glauben, was wir sehen und hören. Denn: Was wir glauben beeinflusst, was wir überhaupt sehen.

Im vorherigen Kapitel haben wir beschrieben, wie man Ziele entwickelt. Wenn wir nun also unser Ziel vor Augen haben, es formuliert haben, geht es darum, einen analytischen und systematischen Blick darauf zu werfen. Dazu braucht es weder ein Betriebswirtschaftsstudium noch Statistikkenntnisse oder besondere Fähigkeiten. Nein: Wir setzen uns wiederum mit uns selbst auseinander. Lernen uns selbst noch ein bisschen besser kennen. Um aber die oben genannten Einflussfaktoren wie selektive Wahrnehmung oder den Halo-Effekt in den Griff zu bekommen, gehen wir systematisch vor. Das mag unser Gehirn. Wir analysieren unsere Stärken und Schwächen sowie die Chancen und Gefahren unseres Umfeldes. Dazu bietet sich die SWOT-Analyse an.

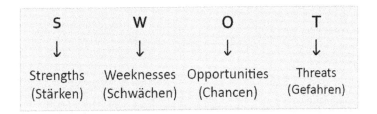

Abb. 4: Bedeutung von SWOT

Die SWOT-Analyse stammt aus der Unternehmenswelt. Sie ist aber genauso gut geeignet für den Einsatz im persönlichen Umfeld. Sie hilft uns, einen systematischen Blick auf unser Ziel und den Weg zu unserem Ziel zu werfen. Wir wägen Chancen und Gefahren/Risiken gegeneinander ab. Ebenso betrachten wir, ob unsere Stärken uns helfen, den Weg zum Ziel zu beschreiten. Diese Analyse ist kein mathematisches oder statistisches Modell. Es kann daher durchaus sein, dass die Risiken und Gefahren zwar hoch sind, dass es sich aber trotzdem lohnt sie einzugehen mit Blick auf die Chancen und aufgrund unserer Stärken. Die vier Größen der SWOT-Analyse werden in einer Matrix dargestellt.

	kann helfen, das Ziel zu erreichen	kann es erschweren, das Ziel zu erreichen
Blick nach innen	**Meine Stärken** Worin bin ich besonders gut? Wann spüre ich Kraft und Energie?	**Meine Schwächen** Was fällt mir schwer? Wann fühle ich mich ausgelaugt? Was fehlt?
Blick nach außen	**Chancen für mich** Welche Chancen bietet mir die Umwelt*-Situation? Welche Chancen ergeben sich, wenn ich aufbreche?	**Gefahren/Risiken für mich** Welche Gefahren ergeben sich aus der Umwelt*-Situation? Welche Risiken gehe ich ein, wenn ich aufbreche?

*Umwelt: Gesellschaft, Politik, Wirtschaft

Abb. 5: SWOT-Analyse Matrix

Das Modell soll uns helfen, unseren Blick für uns und die Situation zu schärfen und dabei zu Erkenntnissen zu kommen. Das Resultat dieser Analyse kann nun also eine Entscheidung sein. Ja oder nein. Wenn wir uns für den Aufbruch entscheiden, wird es jetzt um die Umsetzung gehen.

So könnte es sein...

Stefans Entlassung aus dem Krankenhaus rückt näher. Eine Entscheidung muss her.

Sein Bauchgefühl sagt ihm ganz klar: Kündigen. Endlich wieder mehr Zeit für seine Freundin Tamara und seine Kumpels haben. Wieder Bergsteigen, Klettern, Schwimmen. Er ist auf eine Stellenausschreibung als Wissenschaftsjournalist mit einem 80% Pensum gestoßen, die ihn sofort angesprochen hat. In diesem Beruf wäre er wieder mit der Forschung verbunden und könnte seine Leidenschaft, das Schreiben, leben und wieder mehr für sich arbeiten. Er ist kein Teamplayer. Allerdings wäre der Arbeitsort Wien. Er müsste nicht nur Deutschland verlassen, sondern müsste Tamara für seine Idee gewinnen. Das könnte ein Problem werden, denn sie arbeitet als Einkaufscenterleiterin in München, mag ihren Job und ist erfolgreich darin. Und ihre Familie, zu der sie ein enges Verhältnis hat, lebt im Allgäu.

Eine Kündigung wäre ein finanzielles Risiko. Sollte er keinen Job finden, müsste er sich arbeitslos melden. Das wäre mit einem Imageverlust verbunden, der Stefan aber keine Bauchschmerzen verursacht. Ohne Arbeit oder mit einem Arbeitsplatzwechsel würde sich sein Freundes- und Bekanntenkreis verändern. Sein soziales Netz könnte sich ausdünnen.

Stefans Überlegungen lassen sich in der SWOT-Matrix darstellen:

	kann helfen, das Ziel zu erreichen	kann es erschweren, das Ziel zu erreichen
Blick nach innen	**Stefans Stärken** Wissenschaftliches Arbeiten, Kreativität, individuelles Arbeiten, Neugierde Sport, Natur gibt Energie	**Stefans Schwächen** Terminplanung, Ernährung, Teamarbeit repetitive Arbeiten laugen aus, braucht Rückzugsmöglichkeit
Blick nach außen	**Chancen für Stefan** spannender Job, in dem er seine Stärken ausleben könnte mehr Freizeit durch kleineres Arbeitspensum	**Gefahren/Risiken für Stefan** Gefahr der Arbeitslosigkeit Gefahr, dass seine Freundin nicht mitkommen will Verlust sozialer Kontakte

*Umwelt: Gesellschaft, Politik, Wirtschaft

Abb. 6: SWOT-Analyse angewendet auf Stefan

Mit einer SWOT-Analyse zu arbeiten heißt nicht, komplett aufs Bauchgefühl zu verzichten und nur den Kopf entscheiden zu lassen. Die Auseinandersetzung mit unseren Stärken und Schwächen in Verbindung mit Chancen und Gefahren ermöglicht es uns aber, ein Bewusstsein für eventuelle Herausforderungen zu entwickeln. Dieses Bewusstsein beeinflusst unser Bauchgefühl. Eine Entscheidung werden wir vielleicht dennoch aus dem Bauch heraus treffen, aber durch die Mitarbeit des Kopfes setzen wir uns bereits in der Planungsphase mit möglichen Widerständen auseinander und gehen anders an die Umsetzung. Möglicherweise verhindern wir dadurch ein späteres Stolpern auf unserem Weg.

Analyse von Stärken und Schwächen

Werfen wir einen genaueren Blick auf unsere Stärken und Schwächen. Denn sie sind es, die einen wesentlichen Einfluss darauf haben, ob, wann und wie wir bereit sind, uns oder unser Umfeld zu verändern.

In unseren Kommunikationsseminaren und Coachings befragen wir die TeilnehmerInnen jeweils zu ihren Stärken und Schwächen. Die meistgenannten Stärken sind Fleiß, Kollegialität, Hilfsbereitschaft, Verantwortungsbewusstsein, Zuverlässigkeit und Ehrlichkeit. Betrachten wir diese Stärken genauer, dann stellen wir fest, dass eine davon, nämlich Fleiß, mit uns selbst zu tun hat. Die anderen fünf jedoch hängen mit unserer Außenwelt zusammen. Einmal mehr also damit, wie wir von unserer Umwelt wahrgenommen werden oder wahrgenommen werden möchten. Sie sind Ausdruck unseres Bedürfnisses nach Zugehörigkeit.

Betrachten wir die Schwächen: Disziplin, Willensstärke, Hartnäckigkeit, Selbstbewusstsein und Selbstvertrauen sind die am häufigsten genannten Schwächen. Beachte: Alles Charakterzüge, die in erster Linie mit uns selbst zu tun haben. Damit bergen sie kaum Konfliktpotential mit unserem Umfeld. Fehlende Selbstdisziplin beispielsweise führt im Freundes- oder Kollegenkreis höchstens zu Mitleid, aber kaum zu Konflikten.

Wir konzentrieren uns also offenbar eher darauf, Stärken zu entwickeln, die wichtig für das Funktionieren in unserer Gruppe sind, als dass sie uns persönlich weiterbringen. Mit diesem Verhalten verstärken wir wiederum, was an exogenen Erwartungen, Werten und Normen seit Kindheit an uns herangetragen wird und versuchen uns damit zu arrangieren.

Um aufzubrechen, benötigen wir nun aber Disziplin, Willensstärke, Hartnäckigkeit, auch Selbstvertrauen, also genau jene Eigenschaften, die viele Menschen zu ihren Schwächen zählen. Die gute Nachricht liefert uns die moderne Genforschung: Wir müssen uns damit nicht abfinden. Die Wissenschaft lehrt uns zwei Faktoren, die darüber bestimmen, wie wir sind und was wir werden, wie wir also Stärken und Schwächen entwickeln: Das eine Element ist unser Erbgut und die darin festgelegte Bauanleitung für alles, was uns funktionieren lässt. Das zweite Element sind die Umwelteinflüsse und unsere Sozialisierung: Kindheitserfahrungen, Lebensführung, Erziehung, Konflikte und vieles mehr.

Früher ging man davon aus, dass diese zwei Elemente weitgehend unabhängig voneinander ablaufen. Diese Sicht hat sich gewandelt: Die WissenschaftlerInnen haben herausgefunden, dass sich die Informationen in unserem Erbgut durch unsere Umwelt verändern und beeinflussen lassen. Das Wissenschaftsfeld dazu ist die Epigenetik. Sie liefert uns einen faszinierenden und neuen Blick auf unser Menschsein.[18]

Was nützt uns diese Erkenntnis nun für unsere Stärken und Schwächen? Weder Stärken noch Schwächen sind in Stein gemeißelt. Wir sind in der Lage, neue Stärken zu entwickeln und uns von Schwächen zu verabschieden. Was braucht es dazu? Erstmal wieder Selbstkenntnis. Wichtig dabei ist aber nicht nur unser Selbstbild, sondern auch das Bild, welches andere Menschen von uns haben. Aber nicht, damit wir uns danach richten, sondern um blinde Flecken zu entdecken, an denen wir arbeiten können.

Wenn wir nun also zum Beispiel wissen, dass Willensstärke nicht zu unseren bisherigen Stärken zählt, wir sie aber dringend benötigen, um unser Leben zu ändern, dann könnte ein erstes kleines Teilziel auf diesem Weg sein, die Willensstärke zu trainieren. In kleinen Schritten. Ob wir das nun tun, indem wir die nächsten vier Wochen morgens um sieben Uhr dreimal um den Häuserblock laufen, uns nach der warmen Dusche konsequent eiskalt abduschen oder einfach nur das abendliche Bier weglassen: Unserem Gehirn ist das egal. Es registriert und lernt, Willensstärke aufzubauen. Wer das einmal konsequent ausprobiert hat, weiß um die Erfahrung, wie sich plötzlich auch andere Dinge zu verändern beginnen .

Ein Gedankenexperiment zum Schluss dieser Betrachtung: „Die Übertreibung unserer Stärken sind unsere

---

[18] Vgl. Witte, S., Epigenetik. Der Code über dem Code. In: GEOkompakt. Unser Erbe, unsere Gene. Ausgabe Nr. 54/2018.

größten Schwächen." Wir können viele unserer vermeintlichen Schwächen in Verbindung mit unseren Stärken bringen. Und sehen beides dann plötzlich in einem anderen, vielleicht neuen Licht. Beispiel:

Eine meiner Stärken könnte Extrovertiertheit sein. Ich gehe gerne auf Menschen zu, bin offen für Neues, unterhalte mich gerne. Wenn ich das übertreibe, kann es mir passieren, dass ich andere Menschen überfahre, der sprichwörtliche „Elefant im Porzellanladen" bin, zu wenig zuhöre. Dann wird meine Stärke zur Schwäche. Oder ein anderes Beispiel: Meine Stärken sind Freundlichkeit und Empathie. Wenn ich das übertreibe, werde ich überfreundlich, andere Menschen nutzen mich aus, ich überlege mir ständig, was andere über mich denken könnten und ob ich auch alles richtig mache. Jetzt schadet mir meine Stärke vielleicht mehr, als sie mir nützt.

 Übung 7:

1. Suche deine drei größten Stärken und Schwächen.
2. Befrage Freunde und Familie, wie sie dich wahrnehmen in Bezug auf Stärken und Schwächen.
3. Vergleiche deine Einschätzung und die Fremdeinschätzung miteinander: Wo besteht Übereinstimmung, wo nicht?
4. Überprüfe, wo eine Schwäche aus der Übertreibung einer Stärke resultieren könnte.
5. Überlege dir, welche Stärken und Schwächen du jetzt bearbeiten möchtest, um deinem Ziel einer Veränderung näher zu kommen. Setze dir kleine Zwischenziele.

Eine Strategie entwickeln

Die Erkenntnisse aus der SWOT-Analyse haben uns geholfen, eine Entscheidung zu treffen. Diese Erkenntnisse bilden nun auch die Grundlage für die Umsetzung: den Aufbruch zu unserem Ziel. Wir setzen nun die vier Felder der Matrix in Beziehung zueinander:

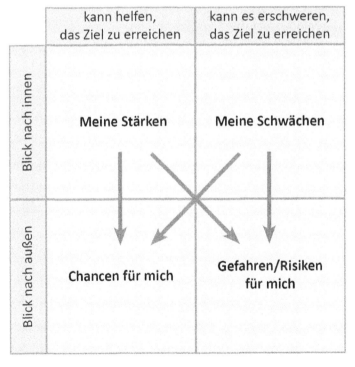

Abb. 7: Strategie-Modell in Anlehnung an die SWOT-Matrix

Um Strategien zu entwickeln, stellen wir die folgenden Fragen:

Stärken-Chancen-Strategie:
Wie kann ich meine Stärken einsetzen, um Chancen zu nutzen?

Schwächen-Gefahren-Strategie:
Was fehlt mir, um Chancen zu nutzen? Was sollte ich mir aneignen, lernen, trainieren?

Stärken-Gefahren-Strategie:
Wie kann ich meine Stärken nutzen, um Risiken zu minimieren oder Gefahren zu bewältigen?

Schwächen-Gefahren-Strategie:
Wie kann ich mit meinen Schwächen umgehen, um mögliche Gefahren oder Risiken auszuschließen oder zu bewältigen?

Aus den Antworten erkennen wir nun die möglichen Strategien, die Vorgehensweisen, mit denen wir uns auf den Weg in Richtung unseres Ziels machen. Wichtig ist dabei, dass wir uns nicht mit der ersten Möglichkeit, die wir erkennen, zufrieden geben. Auf dem Weg zum Ziel werden wir uns unweigerlich Hindernissen stellen müssen. Wenn wir uns in der Planungsphase bereits darauf vorbereiten, können wir flexibler auf Schwierigkeiten reagieren. Die Lösung dazu heißt Denken in Varianten. Wenn wir in Varianten denken, können wir Handlungsoptionen entwickeln.

Unsere Erfahrung

Bevor wir mit dem Segelschiff zu einem neuen Ziel aufbrechen, machen wir eine Routenplanung. Für jede Segelstrecke gibt es Empfehlungen, in welchen Monaten des Jahres die Bedingungen am günstigsten sind. Diese Empfehlungen basieren auf Erfahrungen vergangener Jahrzehnte. So lässt sich beispielsweise der Atlantik von Ost nach West am angenehmsten zwischen November und April überqueren, da in diesen Monaten der Passatwind erfahrungsgemäß am konstantesten weht. Oder die anspruchsvolle Strecke von den kapverdischen Inseln zu den Kanaren sollte man – wenn überhaupt – am besten im Sommer in Erwägung ziehen. Dann ist die Chance am größten, dass der üblicherweise aus Nordosten kommende Wind für einige Tage auf Süden dreht. Welle und Strömung hat man dann trotzdem noch gegen sich.

Trotz aller noch so umsichtiger Vorbereitung und ausgezeichneten Möglichkeiten der Wetterprognosen wissen wir nie, was uns erwartet, wenn wir auf einen mehrtägigen Törn aufbrechen. Eine Panne am Schiff, ein Unfall eines Crewmitgliedes oder eine unerwartete Wetteränderung können uns unterwegs dazu zwingen, von unserer geplanten Route abzukommen und einen anderen als den anvisierten Hafen anlaufen zu müssen. Dazu müssen wir uns bereits vor dem Ablegen mit den Alternativen vertraut machen:

Was tun wir, wenn einer von uns Erwachsenen ausfällt? Der andere kann nicht fünf Tage und Nächte am

Stück Wache halten, Manöver durchführen, kochen und sich um die Kinder kümmern.

Wohin weichen wir aus, sollte uns eine Kaltfront mit starkem Wellengang überraschen?

Welchen Hafen könnten wir von welcher Position unserer Route aus anlaufen, sollten wir Probleme mit der Hydraulik bekommen und das Schiff nur noch mit der Notpinne steuern können?

Herausforderungen, die im Zusammenhang mit der Befriedigung eines wiederentdeckten Bedürfnisses auf uns zukommen können, können je nach Komplexität einen gelungenen Aufbruch verhindern oder das Ergebnis beeinträchtigen, wenn wir nicht in der Lage sind, richtig darauf zu reagieren. Wenn wir uns das Denken in Varianten und Handlungsoptionen zur Gewohnheit machen und es auch im Alltag anwenden, sind wir nicht nur gegen größere Herausforderungen gewappnet, sondern können auch auf alltägliche Überraschungen gelassener reagieren.

 So könnte es sein...

Petra hat mit ihrer Familie über ihr Bedürfnis gesprochen, ihr Arbeitspensum auf 100% zu erhöhen. Gemeinsam ha-

ben sie eine Übersicht über verschiedene Handlungsmöglichkeiten erstellt, um die Herausforderung der Betreuung von Max und der Bereitstellung des Abendessens zu lösen.

Es gibt vier Menschen, welche grundsätzlich die Betreuung am Morgen, Nachmittag, Abend sowie im Krankheitsfall den ganzen Tag sicherstellen sowie den Taxidienst der Kinder übernehmen können, wenn sie für ihre Hobbies woanders hin gebracht werden müssen.

Kriterium / Variante	Anwesenheit morgens	Anwesenheit nachmittags	Abendessen kochen	Anwesenheit bei Krankheit	Taxidienst Kinder
Petra	🙂 (grün)	☹️ (braun)	☹️ (braun)	😐 (gelb)	☹️ (braun)
Niklas	😐 (gelb)	😐 (gelb)	🙂 (grün)	😐 (gelb)	😐 (gelb)
Externe Hilfe	☹️ (braun)	🙂 (grün)	😐 (gelb)	😐 (gelb)	🙂 (grün)
Großmutter	☹️ (braun)	🙂 (grün)	😐 (gelb)	🙂 (grün)	☹️ (braun)

Abb. 8: Varianten-Matrix

Die Smilies zeigen an, wie geeignet die jeweilige Person für die entsprechende Aufgabe ist. Petra kann ohne Probleme am Morgen solange zuhause bleiben, bis die Kinder zur Schule gehen. Da sie alle spätestens um 07.30 aus dem Haus müssen, schafft sie es immer, um 8.00 an ihrem Arbeitsplatz zu sein. Wenn ein Kind krank wird, kann sie im Notfall da sein. Die restlichen Aufgaben kann sie nicht *übernehmen. Möglich wäre, dass Niklas sein Arbeitspensum reduziert und nachmittags ab 15.00 Uhr jeweils zuhause ist. Besonders glücklich wäre er mit dieser Lösung allerdings nicht. Am wahrscheinlichsten ist es, dass sich die Familie für eine kombinierte Lösung entscheidet, in der Petra den Morgen übernimmt, die Großmutter die Nachmittagsbetreuung und im Krankheitsfall einspringt und Niklas sich ums Abendessen kümmert. Für ihre Hobbies müssten sich die Kinder mit Freunden organisieren oder den öffentlichen Verkehr benutzen. Eine externe Hilfe könnte eine Freundin oder Nachbarin sein, die bei Bedarf einspringt, wenn es ausnahmsweise Änderungen in der Planung gibt.*

Die Darstellung der Handlungsmöglichkeiten anhand von Smilies ist schlicht und durch die verschiedenen Farben sehr übersichtlich. Man erfasst auf einen Blick verschiedene Kombinationsmöglichkeiten oder auch die beste Lösung, wenn keine Kombinationen möglich sind.

 Unsere Erfahrung

Wir begegnen auf unserer Segelreise immer wieder Einhandseglern. Menschen, die alleine auf Langzeitreise sind. Meistens sind es Männer. In der Regel handelt es sich nicht um Eigenbrötler, sondern um gesellige Menschen, die offen sind für Kontakte. Im Gespräch mit ihnen kommen sie meist von selbst auf die Gründe zu sprechen, warum sie alleine unterwegs sind. Kaum einer hat sich das Alleine-Reisen gewünscht. Oft ist es die Partnerin, die sich nicht für ein Leben auf dem Boot begeistern kann oder die sich nicht von ihrem Job, ihren Freunden oder ihrer Herkunftsfamilie trennen möchte. Das Bedürfnis der Einhandsegler nach Freiheit, Segeln, Reisen, fremden Ländern und Menschen oder anderen Dingen, die sich durchs Bootsleben erfüllen lassen, ist dann stärker als das Bedürfnis nach der Nähe und Zuneigung innerhalb der Partnerschaft. So ist es nicht zu einer gemeinsamen Lösung gekommen, sondern ihre Wege haben sich getrennt.

Wir haben aber auch den anderen Fall kennengelernt: Menschen, die ihren großen Traum vom Segeln aufgegeben haben, weil ihnen die Beziehung zu ihrem Partner/ ihrer Partnerin wichtiger gewesen ist.

Welchen Weg auch immer man für sich wählt: Ganz wichtig ist es, seine Entscheidung immer wieder zu reflektieren. Selbst bei noch so sorgfältig analysierten Bedürfnissen und noch so gründlicher, umsichtiger Planung kann es immer auch anders kommen, als wir es uns vorgestellt haben. Denn was wir nicht in unsere Planung mit einbeziehen können, sind unsere Gefühle. Wir wissen nicht, wie wir uns fühlen werden, wie es uns ergehen wird, wenn wir dann tatsächlich dort angekommen sind, wo wir hin wollten. Nicht selten erleben wir, dass der Einhandsegler zwar sein Bedürfnis nach Freiheit und Natur stillen kann, aber gleichzeitig unter Einsamkeit leidet. Oder dass derjenige, der seiner Beziehung zuliebe seinen Traum aufgibt, sein Leben lang um seinen Traum trauert.

Aufbruch bedeutet immer auch Verzicht.[19]

Aber auch nicht aufzubrechen kann Verzicht bedeuten. Wie auch immer wir uns entscheiden, wir müssen unsere Situation weiterhin aufmerksam beobachten und unsere Entscheidung reflektieren. Denn Leben heißt Veränderung. Im Kapitel Selbstreflexion im dritten Teil gehen wir ausführlich auf das Thema ein.

Affirmationen

Wir wissen, dass sowohl negative als auch positive Glaubenssätze unser Unterbewusstsein stark beeinflussen können. Wenn uns oft genug gesagt wurde, „Das kannst du nicht", „Du bist zu dick", „Dafür hast du kein Talent", dann werden wir das irgendwann glauben. Es kann soweit gehen, dass es sich sogar bewahrheitet. Umgekehrt passiert genau dasselbe. Positive Glaubenssätze und eine

---

[19] © Corina Lendfers

positive Einschätzung der Umgebung führen zu besseren Leistungen. Robert Rosenthal, deutsch-amerikanischer Professor für Psychologie, konnte dies mit dem sog. Pygmalion-Effekt 1965 nachweisen: Gewisse Erwartungen in Bezug auf das Verhalten von Menschen können sich auf deren Leistungen und Entwicklungen auswirken. Dieses Phänomen ist auch unter der Bezeichnung „sich selbst erfüllende Prophezeiung" bekannt.[20]

Unsere Gedanken steuern unsere Gefühle. Erst danach folgt unser Handeln. Franz Kafka zeigt mit seiner Parabel „Der Nachbar" literarisch auf, wohin uns negative Gedanken führen können. Der Erzähler ist ein junger Geschäftsmann. Es geht ihm um seinen Büro-Nachbarn Harras, ebenfalls Geschäftsmann und möglicherweise Konkurrent. Noch kein einziges Mal haben die beiden miteinander gesprochen. Alleine durch seine Gedanken und Vermutungen, keine davon untersucht, bewiesen oder bestätigt, baut der Erzähler negative Gefühle zu Harras auf, welche letztlich darin münden, dass der Erzähler sich unter Druck fühlt, Stress erlebt und sogar sein Verhalten gegenüber seinen Kunden in negativer Weise ändert.

Im Umkehrschluss gilt das für positive Gedanken und damit für Affirmationen: Positive Gedanken führen zu positiven Gefühlen und entsprechendem Handeln. Die aktuellen neurologischen Forschungen bestätigen, dass sich unser Gehirn physiologisch messbar an unser Denken anpasst. Damit wird unsere Wahrnehmung zur

---

[20] Rosenthal, R. & Jacobson L. (1968). Pygmalion in the Classroom.

wichtigsten Stellschraube für die Gestaltung unseres Lebens.[21]

Natürlich ist es nicht damit getan, einfach jeden Tag ein paar positive Aussagen zu wiederholen. Die Inhalte müssen mit unseren echten Bedürfnissen übereinstimmen. In Kombination mit Leidenschaft für die Sache sowie Hartnäckigkeit und Disziplin in Vorbereitung und Umsetzung entfalten Affirmationen ihre Kraft.[22]

 Übung 8:

1. Formuliere deine Affirmation selbst mit deinen Worten.
2. Formuliere die Affirmation so, dass du sie gerne sprichst und sie dir gut tut.
3. Formuliere deine Affirmation in der Gegenwart. So als wäre dein Ziel bereits Tatsache.
4. Verändere deine Affirmation nicht ständig.
5. Gib nicht zu schnell auf. Es können schon einige Wochen oder Monate vergehen, bis die Affirmation wirkt.

---

[21] Hüther, G. (2014). Wie Visionen das Gehirn, die Menschen und die Welt verändern.
[22] B. Lipton (2016). Intelligente Zellen – Wie Erfahrungen unsere Gene steuern.

Unsere Erfahrung

Wir hatten uns 2009 entschieden, auf ein Segelboot zu ziehen. Um unser Ziel, das aus unserer damaligen Situation heraus sehr utopisch war, zu erreichen, wandten wir – neben konkreten Vorbereitungen – über mehrere Monate folgende Affirmation an:

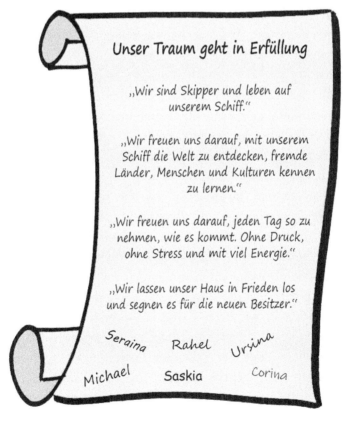

Unser Traum geht in Erfüllung

„Wir sind Skipper und leben auf unserem Schiff."

„Wir freuen uns darauf, mit unserem Schiff die Welt zu entdecken, fremde Länder, Menschen und Kulturen kennen zu lernen."

„Wir freuen uns darauf, jeden Tag so zu nehmen, wie es kommt. Ohne Druck, ohne Stress und mit viel Energie."

„Wir lassen unser Haus in Frieden los und segnen es für die neuen Besitzer."

Seraina   Rahel   Ursina

Michael   Saskia   Corina

Abb. 9: Affirmation Lendfers&Berndonner

3. Schritt: Los geht's!

In den ersten beiden Schritten haben wir echte Bedürfnisse entdeckt und Strategien entwickelt, wie wir künftig im Einklang mit ihnen leben wollen. Wir haben bereits viel Arbeit hinter uns. Aber Achtung: Nicht ausruhen! Die schwierigste Phase kommt erst jetzt. Und darum ist es genau der Schritt, bei dem das Risiko am größten ist, einen Rückzieher zu machen und stehen zu bleiben. Und vielleicht auch der einzige, der ein kleines bisschen Mut braucht. Jetzt geht es an die Umsetzung unserer Pläne.

Wenn wir die ersten beiden Schritte gewissenhaft durchgeführt haben, dann kostet die Umsetzung nicht viel Überwindung. Sie ist dann die logische Konsequenz, die sich harmonisch und wie selbstverständlich an die Erforschungs- und Planungsphasen anschließt. Es kann durchaus auch vorkommen, dass der zweite und dritte Schritt stellenweise ineinander übergehen. Wenn wir beispielsweise mit einem neuen Job liebäugeln und wissen, dass uns dafür noch eine bestimmte Kompetenz fehlt, können wir bereits eine Weiterbildung in Angriff nehmen, bevor die Planung ganz abgeschlossen ist. Meistens gibt es aber einen deutlich fassbaren Moment, mit dem der dritte Schritt beginnt. Spätestens dann, wenn wir das Bedürfnis haben, eine Checkliste zu erstellen mit Tätigkeiten, die wir erledigen müssen, sind wir an diesem Wechselpunkt angelangt.

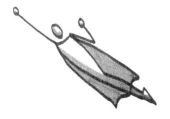

So könnte es sein...

Stefan ist bereit. Noch im Krankenhaus fertigt er eine Checkliste an:

- *Job an der Schule kündigen*
- *mit Tamara sprechen*
- *Stellenangebote sichten*
- *Bewerbung für Wien schreiben*
- *seine Kumpels informieren*
- *Wohnungsmarkt in Wien analysieren, um eine Idee der Wohnkosten zu bekommen*

Er will seine berufliche Zukunft nicht von Tamara abhängig machen, denn er spürt, dass es höchste Zeit ist, sich um sich selbst zu kümmern. Daher stellt er seine Kündigung und die Bewerbung in Wien nicht grundsätzlich in Frage. Sollte er den Job in Wien bekommen und Tamara nicht bereit sein, mit ihm mitzuziehen, dann muss er noch einmal in sich hineinhorchen, um zu einer Entscheidung in Bezug auf seine neue Arbeitsstelle zu kommen.

Bei der Umsetzung kommen verschiedene Herausforderungen auf uns zu. Wir müssen aktiv werden und handeln. Dazu müssen wir mit unserem Umfeld kommunizieren, Hindernisse und Widerstände überwinden und mit Kritik umgehen. Vielleicht sind das alles Dinge, um die wir uns gerne drücken, weil sie uns unangenehm sind und Energie fressen. Das mag sein, aber dann kommen wir nicht weiter. An dieser Stelle lohnt es sich, sich einige Gedanken über unser Umfeld zu machen. Wer könnte uns Steine in den Weg legen? Wer könnte sich durch unseren Aufbruch angegriffen fühlen? Mit wem sollten wir uns als erstes zusammensetzen, um auf möglichst wenig Widerstand zu stoßen? Wo können wir am meisten Unterstützung erwarten?

Je besser wir unser Umfeld kennen, desto gezielter lässt sich die Umsetzung planen.

Loslassen

Um handeln zu können, müssen wir loslassen. Bis hierher haben wir uns von Denkmustern und Erwartungen verabschiedet, die unseren echten Bedürfnissen im Weg stehen. Nun geht es darum, spür- und sichtbar loszulassen.

Vielen Menschen macht Loslassen Angst. Unsere Gewohnheiten und Routinen geben uns Sicherheit und Geborgenheit, sie suggerieren uns, dass alles in Ordnung ist. Selbst dann, wenn es gar nicht stimmt. Wer kennt das nicht: Jeden Tag aufs Neue ärgern wir uns über das Getrampel der Kinder, während wir uns auf unsere Arbeit konzentrieren sollten. Oder über das große Mitteilungsbedürfnis unserer Partnerin, die uns abends immer sehr detailreich ihren Arbeitstag schildert, während wir lieber abschalten und unseren eigenen Gedanken nachhängen würden. Wir ärgern uns über das Auto des freundlichen Nachbarn, das regelmäßig so steht, dass wir selbst kaum zu unserem Parkplatz kommen, weil er nicht gut einparken kann. Wir ärgern uns über all das – und vermissen es, wenn es plötzlich fort ist. Dabei vermissen wir es nicht, weil es uns gut getan hätte, sondern weil es uns Orientierung gegeben hat. Das zu erkennen hilft enorm beim Loslassen.

Loslassen beginnt im Kopf.

Es ist eine bewusste Entscheidung, nicht an Etwas festzuhalten. Wenn wir mit unserem Kind über die Straße gehen, nehmen wir es an der Hand, solange es noch klein ist. Die Entscheidung, die Hand los zu lassen und es alleine gehen zu lassen, muss bewusst getroffen werden, denn sonst greifen wir intuitiv immer nach der Kinderhand, sobald wir am Straßenrand stehen – auch dann noch, wenn das Kind längst verinnerlicht hat, dass es erst stehenbleibt und schaut, bevor es losläuft.

Dieses Beispiel verdeutlicht, dass beim Loslassen oder Nicht-Loslassen-Wollen Angst eine große Rolle spielt.

Loslassen bedeutet, Veränderung zuzulassen oder angemessen auf Veränderung zu reagieren. Veränderung kann verunsichern, manchmal nur ein wenig, manchmal bis hin zur Angst. Diese Angst kann flüchtig sein oder tief verwurzelt.

Am schwierigsten ist das Loslassen von Teilen unseres Selbstbildes. Wenn wir unser Arbeitspensum von 60% auf 100% erhöhen, wie es Petra gerne machen möchte, sind wir plötzlich nicht mehr die Supermutter, die Familie und Job erfolgreich unter einen Hut bringt. Auch dann, wenn wir Reaktionen aus unserem Umfeld nicht persönlich nehmen, die uns weismachen wollen, dass wir nun karrierefixiert sind und unsere mütterlichen Pflichten vernachlässigen, ändert sich mit der Entscheidung zum Vollzeitjob das Bild, das wir von uns selbst haben. Je früher wir bereit sind, uns auf diesen Prozess einzulassen, desto leichter fällt uns der Aufbruch.

Damit Loslassen gelingen kann, brauchen wir Vertrauen. Durch die Auseinandersetzung mit uns selbst und der Entwicklung einer Strategie haben wir Vertrauen geschaffen, um loslassen zu können. Wenn es jetzt darum geht, die Kündigung abzuschicken, mit der Partnerin zu sprechen, um die schädliche Beziehung aufzulösen, oder ins Auto zu steigen, um aufs Schiff zu ziehen – wir haben uns innerlich auf all diese Schritte vorbereitet. Das heißt nicht, dass sie uns nicht schwer fallen.

Unsere Erfahrung

Plötzlich ist alles 'zum letzten Mal'. Zum letzten Mal den Rasen mähen. Die letzte Chorprobe. Die letzte Fahrt mit dem Postauto. Das letzte Mal mit den Kindern im Wald Würste braten. Der Kloß in meinem Hals, als wir zum letzten Mal auf die Hauptstraße bogen, die uns aus unserem Dorf führte. Meine Schwester zu umarmen im Wissen, sie und ihre beiden Jungs, meine Neffen, für lange Zeit nicht mehr wiederzusehen. Das alles ist uns nicht leicht gefallen. Aber im Vertrauen darauf, dass unser Weg, unsere Entscheidung richtig ist, weil sie unseren eigenen, echten Bedürfnissen entspricht, konnten wir loslassen.

Loslassen müssen wir nicht nur, um mit Veränderungen angemessen umzugehen, sondern auch dann, wenn wir mehr Freiheit anstreben. Freiheit findet heute kaum mehr außen statt. Es wäre trügerisch zu meinen, wir fänden Freiheit, wenn wir davonrennen. Freiheit beginnt mit Loslassen. Dadurch finden wir erst zu innerer Freiheit, bevor wir auch unsere Außenbeziehungen frei und selbstbestimmt gestalten können.

Einigen Menschen fällt Loslassen leicht, anderen weniger. Wie können wir Loslassen lernen? Eine Möglichkeit ist die, dass wir uns selbst programmieren. Aus dieser Perspektive hat Loslassen mit Disziplin zu tun. Und Disziplin können wir lernen und trainieren, wie wir im zweiten Schritt beschrieben haben. Auch beim Loslassen geht es um Minischritte.

 Übung 9:

1. Definiere zuerst, was du als erstes wirklich loslassen möchtest.
2. Jetzt programmierst du das: Du fasst das Loslassziel in Worte, in einen Satz. Diesen Satz schreibst du auf.
3. Sprich diesen Satz jeden Tag, einmal am Morgen nach dem Aufstehen, einmal bevor du zu Bett gehst.
4. Mache jeden Tag einen weiteren kleinen Schritt hin zum Loslassziel: Vorbereitungen, eine Checkliste, ein Gespräch.
5. Wer Rituale mag, kann das, was er/sie loslassen möchte auf einen Zettel schreiben und diesen Zettel dann verbrennen.

Konsequenzen ziehen

Welche Konsequenzen gezogen werden müssen, hängt vom jeweiligen Aufbruch ab. Wichtig ist aber immer, dass wir *alle* Konsequenzen ziehen, die nötig sind, um die angestrebte Veränderung herbeizuführen. Es nützt langfristig nichts, wenn wir zwar unser Bedürfnis kennen und eine schlüssige Strategie entworfen haben, sie dann aber nur halbherzig umsetzen. Wir belügen uns damit nur selbst.

Ein Beispiel? Wir sind unzufrieden in unserem Job und wissen, dass wir für eine ganz andere Beschäftigung brennen, für die wir auch die entsprechenden Ressourcen mitbringen. Aber anstatt den Job zu kündigen, reduzieren wir unser Arbeitspensum. Was bringt uns das? Die Magenschmerzen bleiben dieselben, vielleicht hören sie nachmittags um zwei Uhr schon auf anstatt erst um fünf. Vielleicht bilden wir uns ein, dass es uns damit besser geht. Das mag sogar stimmen. Aber es geht uns noch nicht halb so gut wie es uns gehen würde, wenn wir den Job ganz los wären.

Ein anderes Beispiel? Wir leiden unter gesundheitlichen Beschwerden, die eindeutig aufs Rauchen zurückzuführen sind. Wir wissen, dass wir nicht nur gesünder wären, wenn wir damit aufhören würden, sondern dass wir leistungsfähiger wären und erst noch mehr Chancen bei der Partnerwahl oder bei der Wohnungssuche hätten. Am meisten rauchen wir abends beim Zusammensein mit unseren Freunden. Aber anstatt mit unseren Freunden zu sprechen und sie zu bitten, nicht mehr in unserer Gegenwart zu rauchen, begnügen wir uns damit, keine Zigaretten mehr selbst zu kaufen. Tagsüber klappt das ganz gut, aber beim abendlichen Treffen mit unseren Freunden können wir nicht widerstehen. Unser Konsum reduziert sich zwar dadurch, wir kommen aber auf diesem Weg nicht vom Rauchen los.

Hinter beiden Beispielen steckt Angst. Die Angst vor Arbeitslosigkeit und Gesichtsverlust im ersten Fall, jene vor Einsamkeit und sozialer Isolation im zweiten. Und damit sind wir wieder beim Thema Loslassen und bei der absoluten Notwendigkeit, sich vor jeder Umsetzung intensiv mit sich selbst auseinanderzusetzen. Es lohnt sich nicht, einen Schritt zu überspringen!

Kommunikation nach außen

Die ersten beiden Schritte auf dem Weg zum Aufbruch haben sich mehrheitlich innerlich abgespielt. Wir haben uns mit uns selbst auseinandergesetzt, Ziele entworfen und Strategien entwickelt und dabei höchstens unsere Familienmitglieder oder Partner und vielleicht den besten Freund mit einbezogen. Das ist auch gut und wichtig so. Denn jeder Aufbruch ist anstrengend, kostet Energie.

Wie wir in der Einleitung zum zweiten Schritt ausgeführt haben, sind wir Menschen darauf spezialisiert, Energie zu sparen. Bei den ersten beiden Schritten ist es darum wichtig, dass wir unsere Energie für uns selbst einsetzen.

Je weniger wir nach außen kommunizieren, desto weniger müssen wir uns mit Widerständen auseinandersetzen.

Das heißt nicht, dass wir Widerständen ausweichen, sie ignorieren oder schönreden sollen. Aber alles zu seiner Zeit. Der Entschluss des Aufbruchs muss erst in uns reifen und sich verfestigen, bevor er Kritik von außen standhalten kann. Es ist daher früh genug, wenn wir Widerständen von außen erst in der Umsetzungsphase begegnen.

Unsere Erfahrung

In den sozialen Netzwerken lesen wir in entsprechenden Gruppen immer wieder von Menschen, die einen Ausstieg (im Sinne einer längeren Reise oder eines Umzugs in ein anderes, exotisches Land) planen und die müde und entmutigt sind von der Konfrontation mit ihrer Umwelt. Die keine Kritik mehr hören möchten und denen von überall nur Unverständnis entgegen gebracht wird. Und die letztlich an ihren Zielen zu zweifeln beginnen.

Wir haben uns 2009 entschlossen, unseren Lebensstil zu ändern und von unserem Haus in der Schweiz auf ein Segelboot zu ziehen. Anhand der bisher erläuterten Methoden haben wir unsere Strategien entwickelt: Wir haben Segeln gelernt, die Kinder haben Schwimmunterricht besucht, wir haben Erfahrungsberichte von Seglern gelesen, uns umfangreiches theoretisches Wissen über Segelboote angeeignet, den Bootsmarkt analysiert und beobachtet. Wir haben uns mit Bildungsmöglichkeiten außerhalb des klassischen Schulsystems und der Krankenversicherungsfrage auseinander gesetzt. 2012 haben wir einen Makler mit unserem Hausverkauf beauftragt und uns gleichzeitig eine alte Stahlyacht gekauft. Erst im Mai 2013 haben wir unsere Familien, die Freunde und die Schule über unseren Wegzug informiert, zwei Monate vor unserem Aufbruch. Natürlich haben unsere Familien mitbekommen, dass wir segeln lernten, aber niemand hat damit eine Weltreise in Verbindung gebracht. Die Abschottung unseres Projektes nach Außen hatte zwei Effekte: Wir konnten unsere ganze Energie für die Vorbereitungen verwenden und wir wuchsen als Paar ganz stark zusammen. Es war unser Projekt, unser Geheimnis. Kritik brachte uns niemand entgegen, da jeder, der sich kritisch äußerte, rasch merkte, dass wir uns mit allen erdenklichen Aspekten bereits auseinandergesetzt und Lösungen gesucht hatten. Es gab schlicht keine Argumente, mit denen man uns hätte ausbremsen können.

Ein solches Vorgehen, bei dem möglichst spät nach außen kommuniziert wird, kann von einzelnen betroffenen Menschen in unserem näheren Umfeld als Vertrauensbruch erlebt werden. Hier müssen wir in der Planungsphase sorgfältig abwägen, ob diese Menschen allenfalls bereits vorher an Bord geholt werden sollten oder nicht. Grundsätzlich gilt:

Wir kommunizieren nur dort offen, wo wir Unterstützung erwarten können.

Dabei dürfen wir eines nicht vergessen: Je ungewöhnlicher unser Projekt ist, desto größer ist die Verlockung, unser Geheimnis auszuplaudern. Hätten wir 2009 unsere damals noch kleinen Kinder in unser Vorhaben eingeweiht, hätte es wohl in Kürze das ganze Dorf gewusst...

Andererseits kann es je nach Situation wichtig sein, frühzeitig zu kommunizieren und Unterstützung zu holen. Das ist immer dann der Fall, wenn es uns sichtbar schlecht geht, wir unter unserer Arbeitssituation oder in einer Beziehung leiden und unser nächstes Umfeld schon längst erkannt hat, dass wir aufbrechen sollten. Dann kann eine frühe Kommunikation mit der richtigen Person durchaus zum Erfolgsfaktor werden.

Auf welchem Weg kommunizieren wir unsere Entscheidungen am besten nach außen? Das hängt im Wesentlichen von unserem Temperament und den Menschen ab, die informiert werden müssen. Gehören wir zu den kommunikativen Menschen, die gerne smalltalken und Geschichten erzählen, wird uns auch die Kommunikation über unseren Aufbruch nicht schwer fallen. Wir bauen die Information geschickt beim nächsten Geschäftsessen ein oder veranstalten eine Informationsparty, dann wissen es gleich alle. Sind wir dagegen introvertiert und zurückhaltend, kann es uns ganz schön den Schweiß auf die Stirn treiben, wenn wir unserer Mutter erzählen müssen, dass wir unser Heimatland verlassen werden, um zu unserer großen Liebe nach Spanien zu ziehen. Dem ehemaligen Spielkameraden aus dem Sandkasten können wir ohne Weiteres eine Nachricht übers Smartphone schicken, dass wir bald ein Restaurant auf Hawaii eröffnen werden, während es eher unpassend wäre, unserem Vorgesetzten die Kündigung via WhatsApp zukommen zu lassen. Die jeweilige Kommunikationsbeziehung beeinflusst die Art und Weise, wie wir unseren Aufbruch kommunizieren.

Aufbruch bedeutet Veränderung, und Veränderung löst bei vielen Menschen Angst und Widerstand aus – nicht nur in uns selbst, sondern auch in unserem Umfeld. Dessen müssen wir uns bewusst sein, wenn wir unser Vorhaben mitteilen. Mit drei Reaktionen müssen wir rechnen: Begeisterung, Gleichgültigkeit oder Ablehnung.

Meistens wissen wir bereits im Voraus, welche Reaktion wir von wem erwarten müssen und stellen uns, bewusst oder unbewusst darauf ein. Je stabiler unser Entschluss ist, desto weniger werden wir uns von zurückhaltenden oder negativen Reaktionen verunsichern oder entmutigen lassen.

So könnte es sein...

Petra hat mit ihrem Vorgesetzten gesprochen und gerichtsintern wurde die Pensumsverteilung auf 1. Februar neu geregelt. Petra wird künftig 100% arbeiten, während ihre Kollegin Nadine, die gerne schwanger werden möchte, auf 60% reduzieren wird. Glücklich und voller Euphorie telefoniert Petra abends mit ihrer Mutter, um ihr von der Neuigkeit zu erzählen.

„Und was wird aus den Kindern, wenn du den ganzen Tag fort bist? Sie brauchen dich doch!" Der Vorwurf in der Stimme der Mutter ist nicht zu überhören.

„Niklas' Mutter wird nachmittags zuhause sein und sich um die Kinder kümmern, und Niklas ist dann ab halb sechs zuhause. Das haben wir alles schon geregelt", beschwichtigt Petra.

„Ich finde das nicht gut. Die Kinder brauchen Unterstützung bei den Hausaufgaben, ob Marie da helfen kann? Und Niklas hat doch noch nie gerne gekocht..."

„Das wird schon, Mama. Darüber brauchst du dir keine Gedanken zu machen."

„Warum musst du denn jetzt soviel arbeiten? Damit kannst du doch warten, bis die Kinder erwachsen sind."

„Wir haben gemeinsam mit den Kindern entschieden, dass das gut so ist. Ich muss auflegen, Mama, Tom braucht mich." Petra lächelt. Sie wusste genau, wie ihre Mutter reagieren würde.

Hindernisse und Widerstände

Es gibt in unserem Umfeld Menschen, die aus dem Status Quo einen Vorteil ziehen. Unabhängig davon, was wir nun verändern möchten, wir erzwingen damit automatisch eine Veränderung in unserem Umfeld. Sei es die Arbeitsstelle, die wir aufgeben und die nun neu besetzt werden muss oder eine Beziehung, die wir auflösen. Von unserer persönlichen Entscheidung sind immer Menschen in unserem direkten Umfeld betroffen. Sie müssen sich ein Stück weit auch verändern, ob sie wollen oder nicht. Wenn wir unseren Job kündigen, muss sich unser ehemaliges Team mit einem neuen Teammitglied zurechtfinden. Dadurch verschiebt sich das sorgfältig austarierte Gleichgewicht, Zusammenarbeit muss neu gestaltet werden, eingespielte Kommunikationsmuster brechen auf. Das strengt an. Darum stößt eine Veränderung häufig auf Widerstand.

Das können wir trotz aller noch so sorgfältigen Vorbereitung nicht verhindern, damit müssen wir rechnen. Es liegt aber an uns, wie wir mit diesen Widerständen umgehen. Eine Möglichkeit ist, dass wir uns mit Menschen zusammentun, die unser Vorhaben unterstützen, anstatt uns an jenen zu reiben, die es bekämpfen. Wenn wir auch die letzten ZweiflerInnen noch ins Boot holen wollen, kann es uns passieren, dass wir darüber alt und frustriert werden. Wir sollten unsere Zeit und Energie klug einsetzen und das Netzwerk und die Beziehungen zu

Verbündeten pflegen. Dabei gehen wir gleich vor wie in der Kommunikation nach außen: Wir kommunizieren erst dort, wo wir Unterstützung erwarten können.

Es lohnt sich aber auch, sich mit der Natur von Hindernissen und Widerständen auseinander zu setzen. Wir möchten an dieser Stelle eine Frau zu Wort kommen lassen, die sich auf ihrem unkonventionellen und eigenverantwortlichen Weg regelmäßig mit Hindernissen konfrontiert sieht.

Lini Lindmayer ist Autorin, Entwicklungs- und Familienbegleiterin und Doula[23]. In erster Linie aber ist sie Mutter von sieben Kindern im Alter zwischen 1 und 16 Jahren. Das enge Zusammenleben mit ihren zuhause lernenden Kindern und die tägliche Beobachtung ermöglichen Lini ein tiefes Verständnis für die kleinen Menschen, die sie immer wieder auch dazu anregen, viele Fragen des Lebens in größeren Zusammenhängen und aus verschiedenen Perspektiven wahrzunehmen.

Perspektivenwechsel

Von Lini Lindmayer

„Wir lernen zu gehen, weil wir stolpern. Wir begreifen, weil wir scheitern. Wir erkennen, weil wir an Grenzen stoßen.

---

[23] Eine Doula ist eine nichtmedizinische, erfahrene Begleiterin während der Geburt.

Wieder einmal sitze ich da und beobachte unsere Kinder. Und wieder einmal denke ich dabei über Entwicklung nach. Diesen fortwährenden Wandel, der uns so oft vor Herausforderungen stellt. Herausforderungen, die uns dazu zwingen, inne zu halten und andere Wege zu probieren. Oder auch, zu sich selbst und den eigenen Werten und Vorstellungen zu stehen. Herausforderungen, die uns wachsen und festgefahrene (Denk)Muster durchbrechen lassen, wenn wir mutig sind und uns trauen, die Sichtweise zu verändern und einen Schritt vor den anderen zu setzen.

So, wie kleine Menschen das tun. Es ist faszinierend, dass dieses „geht nicht", das so häufig unser Denken bestimmt, im kleinen Menschen nicht vorhanden ist. Stattdessen scheint sein gesamtes Tun der Idee zu folgen, dass es doch irgendwie „gehen muss". Gleich, wie oft es misslingt oder wie viele Hindernisse auf dem Weg warten. Die Bereitschaft, mutlos vor Hindernissen stehen zu bleiben, ist im Vergleich zu uns Erwachsenen äußerst gering. Lieber stellen sie sich, wenn es sein muss, auf den Kopf und ändern ihre Strategie. Sie überwinden spielend Hindernisse und nutzen Widerstand als Chance, um zu verstehen, zu begreifen und zu wachsen.

Aber warum? Wo liegt der Unterschied? Und warum schaffen wir nicht, was kleine Menschen so selbstverständlich tun? Ist es die vermeintliche Endgültigkeit von Entwicklung, an die wir gelernt haben zu glauben? Die Idee, dass Lernprozesse irgendwann abgeschlossen sind und Wachstum damit nicht mehr möglich ist?

Ist es unsere leistungsorientierte Gesellschaft, in der wir aufgewachsen sind und die uns an Hindernissen verzweifeln lässt? Eine Gesellschaft, in der wir gelernt haben, nach Perfektion und Vollkommenheit zu streben, von einem Leben ohne Hindernisse und Widerstände zu träumen, Wertigkeiten zu schaffen, an uns selbst zu zweifeln und uns jedem kleinen Hindernis und jedem Widerstand mutlos hinzugeben.

Doch was, wenn wir erkennen würden, dass Vollkommenheit im Endeffekt den Tod bedeutet, weil etwas, das vollendet ist, nicht mehr weiter wachsen und sich auch nicht verändern kann? Und was, wenn wir Hindernisse nicht mehr als lästige oder furchtbare Störenfriede wahrnehmen, sondern in ihnen eine Chance für Wandel und Veränderung erkennen würden? Für Wachstum und Entfaltung. Und was wäre, wenn wir Widerstände als Möglichkeit erkennen würden, unsere Perspektive zu verändern und uns selbst zu erkennen?

Aber so einfach kann das doch nicht sein oder?

Doch, es ist einfach. In jedem Augenblick können wir uns entscheiden, in welche Richtung wir blicken. Ob wir Verantwortung für uns und unser Leben übernehmen oder nicht. Denn im Endeffekt sind es nicht die Hindernisse, die uns behindern, nicht die Kritiker, die das Weitergehen unmöglich machen und auch nicht Widerstände, die uns an Sackgassen oder eine Unmöglichkeit glauben lassen.

Wir selbst entscheiden uns dazu,
stehen zu bleiben und an uns zu zweifeln.

Rein oberflächlich betrachtet wäre es natürlich bequem und einfach, so ein Leben ohne Stolpersteine. Aber wäre es auch lebendig? Vielfältig? Abenteuerlich? Aufregend? Berauschend? Und würde sich so ein Leben ohne jegliche Herausforderungen überhaupt noch lebenswert anfühlen?

Zweifelsohne kommen uns Hindernisse und Widerstände nicht immer gelegen im Leben. Ärger, Wut und Zweifel mögen im ersten Moment naheliegender sein als der Impuls anzunehmen, loszulassen, zu hinterfragen und andere Wege zu finden. Und doch sind es erst die Widrigkeiten, die uns wachsen und erkennen lassen."

 ## Unsere Erfahrung

Unser Leben auf dem Schiff bietet uns jede Menge Möglichkeiten, unseren Umgang mit Hindernissen zu erproben. Die wichtigste Lektion haben wir gleich nach unserem Einzug gelernt.

Das Boot stand auf dem Trockenen in Portugal. Wir wussten, dass wir noch einige Dinge erledigen mussten, bevor wir das Schiff ins Wasser bringen und die Reise starten konnten: Einen neuen Wassertank einbauen, neue Solarpaneele montieren und eine Backskiste reparieren. Überschaubar. Zwei Monate sollten ausreichen, um alle Arbeiten zu erledigen.

Dachten wir.

Mit jeder Baustelle, die wir bearbeiteten, taten sich zwei weitere auf. Das Boot, ein Stahlschiff aus dem Jahr 1976, war dreizehn Jahre lang von einem älteren Paar mit Hund bewohnt und wenig gesegelt worden. Die letzten vier Jahre hatte es alleine auf dem Trockenen verbracht. Nun hatten wir es neben veralteter Elektrik und Elektronik zusätzlich mit diversen Standschäden zu tun. Wir, die zu diesem Zeitpunkt nicht die geringste Ahnung von Elektrik, Stahlbearbeitung, sanitären Installationen, geschweige denn von Hydraulik oder Rigg hatten.

Mit jedem Monat, den wir länger auf dem Trockenen saßen als geplant, wuchsen nicht nur unsere handwerklichen Fähigkeiten, sondern unsere Lebenseinstellung begann sich zu verändern. Wir entwickelten ein neues Verständnis für Zeit. Waren wir noch mit klaren zeitlichen Vorstellungen gestartet, lösten diese sich immer mehr auf und passten sich unserer neuen Realität an.

Wir lernten, dass es unwichtig war, wo und womit wir unsere Tage verbrachten, solange das, was wir taten, mit Sinn erfüllt war. Auch dann, wenn sich uns dieser Sinn nicht immer von Anfang an erschloss. So begriffen wir erst nach und nach, dass all die Arbeit, die wir im ersten Jahr nach unserem Aufbruch ins Boot steckten, einen unermesslichen Erfahrungsschatz darstellte. Sie war die Grundlage dafür, dass wir künftig in jeder Situation in der Lage waren, unser Schiff selbst zu reparieren. Dadurch erkannten wir oft auch potentielle Gefahren bereits im Voraus und konnten sie ausschließen.

Auch spätere unerwünschte Herausforderungen schulten unsere Fähigkeit, Widerstände als Chancen und nicht als Hindernisse zu begreifen, ganz in dem Sinn, wie Lini es schildert. Als wir im Dezember 2016 von einem dreimonatigen Heimataufenthalt auf unser Schiff auf die kapverdischen Inseln zurückkehrten, fanden wir nicht nur zentimeterdicken Staub, sondern vor allem eins vor: Schimmel. In allen Ecken, auf allen Oberflächen und in allen Schränken. Nach dem ersten Schrecken quartierten wir uns bei einer freundlichen Französin ein und putzten das Boot komplett durch. Dabei misteten wir es gleich auch aus, was in Hinblick auf die vor uns liegende Atlantiküberquerung ohnehin eine gute Idee war.

Je öfter wir auf Widerstände stoßen, desto spielerischer und flexibler wird unser Umgang damit.

Das liebe Geld

Ein Hindernis, das vielen Menschen so hoch erscheint, dass sie nicht aufbrechen, um ihre Träume zu leben, sind die Finanzen. Eins steht fest: Ohne Geld kann es schwierig werden.

Nando hat aufgezeigt, dass Geld verdienen und seine Träume leben nicht im Widerspruch zueinander stehen müssen. Im Gegenteil. Unsere echten Bedürfnisse sind ja immer im Einklang mit unseren persönlichen Ressourcen. Wenn wir sie wiedergefunden haben, haben wir zugleich alle Mittel in der Hand, um auf lustvolle, spielerische und freudvolle Weise unser Leben zu gestalten. Klar, nicht immer verdienen wir damit auch sofort Geld. Wenn ich leidenschaftlich gerne male und die Malerei als echtes Bedürfnis wiederentdeckt habe, heißt das nicht, dass es ausreicht, wenn ich mich hinsetze und male. Das ist erst der erste Schritt. Nun muss ich herausfinden, wie ich mit meiner Malerei Geld verdienen kann. Viele Menschen würden in diesem Beispiel wohl aufgeben und das Hindernis als unüberwindbar einstufen.

Denken wir zurück an Linis Schilderungen, wie es die Kinder machen. Sie suchen solange nach Lösungen, bis sie ihr Ziel erreicht haben. Wenn wir genauso hartnäckig sind, dann wird unser Vorhaben gelingen, selbst wenn es unmöglich erscheint! Natürlich ist das mit Aufwand verbunden, mit Kreativität, Disziplin und Durchhaltewillen. Aber es geht ja um unsere Herzensangelegenheit, und da lohnt sich der Einsatz auf jeden Fall. Stoßen wir in einem spezifischen Bereich an eine persönliche Grenze, weil uns Fachwissen, Beziehungen oder Handwerk fehlen, müssen wir Ausschau halten nach Unterstützung. Wer sich damit schwer tut, Hilfe anzufragen oder anzunehmen, ist an dieser Stelle aufgefordert, über seinen Schatten zu springen. Wir müssen nie alles alleine stemmen. Es finden sich für alle Bereiche des Lebens und unserer Arbeit Menschen, die das, was uns selbst schwer fällt, mit Freude und Leichtigkeit erledigen.

Das Thema Geld hat immer zwei Seiten. Man kann es einnehmen, aber man kann es auch ausgeben. Die meisten Menschen beschäftigen sich mit der Frage, wie sie genügend Geld verdienen können, um sich das Leben zu leisten, das sie führen. Es lohnt sich aber genauso, sich mit der anderen Seite der Medaille radikal auseinanderzusetzen, mit dem Ausgeben. Mit radikal meinen wir, dass wir auch das Undenkbare denken sollten. Hier einige Beispiele:

Glaubt man verschiedenen Studien zum Thema Schuhe, so besitzen die Deutschen im Durchschnitt 20 Paar Schuhe pro Person. 20 Paar! Würden wir uns auf die Hälfte beschränken, so hätten wir – behaupten wir – noch immer genug Abwechslung für unsere Füße und dazu noch mehr Geld auf dem Konto.

Zum selben Schluss werden die meisten von uns kommen, wenn sie ihren Kleiderschrank durchforsten. Ein durchschnittlicher deutscher Kleiderschrank beherbergt 95 Kleidungsstücke. Davon wird etwa ein Drittel regelmäßig getragen, ein weiterer Drittel hin und wieder. Rund ein Drittel aller Kleidungsstücke ist demnach überflüssig. Die Ausrede, dass wir das Sakko oder den Minirock aber ganz bestimmt irgendwann einmal brauchen werden, gilt nicht.

Online-Abos von Zeitschriften, virtueller Speicherplatz sowie Software-Abos sind Geldfresser, die wir meistens einmal projektbezogen benötigten und danach nicht gekündigt haben.

Oder die Krankenversicherungsprämie. Lässt sich eventuell die Franchise erhöhen und damit die monatliche Prämie senken? Damit würden wir mehr Eigenverantwortung für unsere Gesundheit übernehmen und dabei noch Geld sparen.

Der größte Geldfresser ist das Auto. Brauchen wir es wirklich? Auf den ersten Blick werden die meisten mit einem überzeugten Ja antworten. Der Weg zur Arbeit,

Einkaufen, die Wochenendausflüge, Freunde besuchen, die Kinder zu ihren Freizeitaktivitäten fahren. All das scheint das Auto unentbehrlich zu machen. Die damit verbundenen Kosten (Anschaffung, Reparaturen, Steuern, Treibstoff) nehmen wir in Kauf (und die indirekten gesamtgesellschaftlichen Kosten wie Luftverschmutzung, Lärm und Klimaerwärmung auch). Viele von uns können sich ein Leben ohne Auto nicht vorstellen. Aber jeder, der den Schritt gewagt hat, wird festgestellt haben, dass es sich ohne Auto sogar besser lebt als mit. Denn viele Dinge erledigen sich plötzlich von selbst. Stau, Feierabendverkehr, schlechte oder genervte Autofahrer, verlegte Autoschlüssel, Park- und Geschwindigkeitsbußen sowie der leere Tank im falschen Moment gehören der Vergangenheit an. Wir hetzen am Wochenende nicht mehr irgendwo hin, sondern entdecken unsere nähere Umgebung mit neuen Augen und zu Fuß oder mit dem Fahrrad. Plötzlich haben wir mehr Besuch zuhause, weil die Freunde, denen wir wichtig sind, nun zu uns kommen. Unsere Kinder bilden Fahrgemeinschaften mit Freunden, deren Eltern ein Auto besitzen, oder sie nutzen öffentliche Verkehrsmittel und trainieren dadurch ihre Selbstständigkeit. Im Notfall klingeln wir beim Nachbarn, um unsere Tochter mit dem gebrochenen Arm ins Krankenhaus zu bringen, und in den Urlaub fahren wir mit der Bahn. Mit weniger Gepäck als üblich, weil wir es nicht schleppen wollen. Ja, wir gestehen: Ohne Auto sind wir weniger flexibel, was spontane Ausflüge oder Einsätze angeht. Aber gleichzeitig auch deutlich weniger gestresst.

Noch mehr Ausgaben lassen sich reduzieren, indem wir uns weniger in Einkaufszentren und -straßen aufhalten und im Internet konsequent Shoppingseiten meiden.

Übung 10:

1. Lege eine Liste an mit allen Dingen, die du *nicht* kaufst, obwohl du das Gefühl hast, dass du sie brauchst. Am besten funktioniert das, indem du zum Beispiel im Handy täglich die Kosten für die Dinge aufschreibst, die du gerne kaufen möchtest – und dann erst einmal weiterläufst oder wegklickst.

2. Eine Woche später schaust du auf deine Liste – und wirst vermutlich staunen, wie viel Geld du in dieser einen Woche *nicht* ausgegeben hast. Angefangen beim täglichen Kaffee in der Mittagspause bis hin zur neuen Jeans, die zwar cool, aber leider nicht notwendig ist.

3. Danach entscheidest du, ob du die bisher nicht gekauften Dinge wirklich brauchst oder ob du auch gut ohne leben kannst.

Wir haben die befreiende Wirkung von Minimalismus selbst erfahren. Wir möchten mit diesen Ausführungen bewusst machen, dass die meisten Menschen in unserer Gesellschaft über beachtliches Sparpotential verfügen, ohne dadurch ihr Wohlbefinden einzuschränken. Mit diesem gesparten Geld ließe sich so mancher Aufbruch umsetzen.

Umgang mit Kritik

Wenn wir uns anders verhalten, als es in unserem Umfeld üblich ist, als es „Konvention" ist, kann es von unseren Mitmenschen als Kritik aufgefasst werden. Denn würden wir das Übliche gut finden, würden wir es ja selbst so machen, so die Überzeugung vieler Mitmenschen. Jeder von uns kennt wohl die Auseinandersetzung mit den eigenen Eltern, besonders wenn es um Erziehungsfragen geht:

Erwachsener Sohn: „Bitte, Mutter, gib den Kindern keine Süßigkeiten."

Seine Mutter: „Warum denn nicht?"

Sohn: „Weil Zucker schädlich ist."

Mutter: „Ach was, dir hat das ja auch nicht geschadet, so schlecht kann das nicht sein."

Da haben wir ihn, den Standardsatz von Eltern an ihre erwachsenen Kinder: *Das hat dir auch nicht geschadet.* Woher wollen unsere Eltern das wissen? Wir sind nämlich vielleicht durchaus der Meinung, dass uns das Verhalten unserer Eltern in dieser spezifischen Situation geschadet hat. Hätten wir als Kinder nicht so viele Süßigkeiten bekommen, müssten wir jetzt nicht täglich mit unserem Gewicht kämpfen. Hätten unsere Eltern mehr Vertrauen in uns gehabt, wären wir jetzt nicht so ängstlich. Und so weiter.

Natürlich können wir nicht alles, was in unserem Leben nicht so läuft, wie wir es gerne hätten, auf unsere Eltern schieben. Schließlich sind wir ja inzwischen erwachsen und selbstverantwortlich. Aber viele Denk- und Verhaltensmuster wurzeln nun mal, wie wir gesehen haben, in unserer Kindheit.

Nicht nur innerhalb unserer Familie, sondern auch im Freundeskreis finden sich Menschen, die unkonventionelles Verhalten als Kritik empfinden. Und wir kennen dies sicherlich auch von uns selbst. Wenn ein guter Freund sein Verhalten ändert, hinterfragen wir automatisch uns selbst: Wir sitzen bei Lukas in der Küche und wollen gemeinsam Kaffee trinken. Anstelle des Kaffees mit Karamellgeschmack, den wir so mögen, bekommen wir gewöhnlichen Milchkaffee, denn Lukas hat seine Kapselmaschine entsorgt. „Die Kapseln sind ein ökologischer Blödsinn." So seine Begründung. Wenn wir zuhause die nächste Kapsel in die Hand nehmen, kommen uns seine Worte in den Sinn: ökologischer Blödsinn. Was wir damit nun anfangen, ist uns überlassen. Vielleicht zucken wir die Schultern, denken zwar, dass er Recht hat, aber wir lieben nun mal Karamellaroma. Oder wir ärgern uns über Lukas und verdrängen unser schlechtes Gewissen, das uns ab sofort bei jeder Kapsel, die wir in den Müll werfen, beschleicht. Oder wir trinken immer weniger Kaffee und eines Tages verkaufen wir unsere Maschine im Internet.

Unsere Kritikempfänglichkeit resultiert direkt aus unserem Streben nach Zugehörigkeit. Wir suchen intuitiv das Gemeinsame, Verbindende und scheuen das Trennende. Gemeinsamkeiten helfen uns, unsere Mitmenschen zu verstehen und mit ihnen zu interagieren. Das schafft Vertrauen und ein Gefühl von Geborgenheit.

Wenn wir nun unsere Pläne kommunizieren, müssen wir mit Kritik rechnen. Wie gehen wir damit um? Ein Modell des deutschen Psychoanalytikers Fritz Riemann, das durch den Schweizer Psychologen Christoph Thomann weiterentwickelt wurde, kann uns dabei helfen. Dieses Modell erklärt aufgrund von vier sogenannten Grundausrichtungen das Verhalten von Menschen. Der große Verdienst dieses Modells: Thomann konnte viele Verhaltensweisen von uns Menschen vom Nimbus des „Krankhaften" befreien. Mit dem Modell können wir frühzeitig erkennen, wo möglicherweise Widerstände auftauchen werden.

Das Modell benennt vier mögliche Grundausrichtungen, die jedem Menschen innewohnen: Distanz und Nähe, Dauer und Wechsel. Im Laufe unseres Lebens prägen wir zwei dieser Richtungen deutlicher aus als die andern. Je nachdem, welche Grundausrichtungen nun bei unserem Gegenüber stärker ausgeprägt sind, werden wir eher mit Wohlwollen oder mit Ablehnung rechnen müssen.

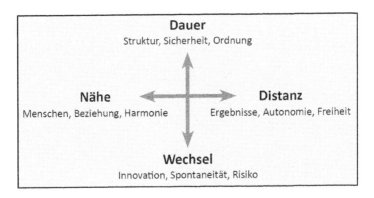

Abb. 10: Riemann-Thomann-Modell

119

So könnte es sein...

Stefan bespricht mit seiner Freundin Tamara seine Entscheidung:

Stefan: „Ich habe gekündigt."

Tamara sieht ihn erschrocken an. „Warum?"

„Die Arbeit hat mich belastet, das weißt du ja. Ich unterrichte nicht gerne."

„Warum hast du dir diesen Job eigentlich ausgesucht?"

„Es gab nach meinem Studienabschluss keine andere freie Stelle."

Tamara schweigt. Dann fragt sie: „Und was wollen wir jetzt tun?"

Stefan fasst sich ein Herz. „Ich bin auf eine Stellenausschreibung als Forschungsjournalist gestoßen. Darauf möchte ich mich bewerben."

„Das klingt gut!" Tamara strahlt ihn erleichtert an.

„Die Stelle ist in Wien."

Ihr Strahlen gefriert auf ihrem Gesicht. „Das ist nicht dein Ernst, oder? Du kannst nicht von mir erwarten, dass ich meinen Job aufgebe um mit dir mitzukommen."

Was ist hier passiert? Stefan hat seine Entscheidung alleine getroffen, vom Krankenhaus aus. Er hat Tamara nicht in seinen Entscheidungsprozess mit einbezogen. Es scheint nun so, dass sie automatisch davon ausgeht, dass er denkt, sie würde mit ihm mitgehen und ihren Job aufgeben. Wie Stefan nun auf diese Kritik reagiert, hat viel damit zu tun, in welchen Grundausrichtungen er selbst unterwegs ist und wie gut er die Ausrichtungen seiner Freundin kennt. Aber natürlich auch, wie die beiden bisher Entscheidungen getroffen haben. Muss er davon ausgehen, dass Tamara aufgrund ihrer Ausrichtung nach Autonomie und Sicherheit kritisch reagiert, ihm aber etwas an der Beziehung liegt, dann muss er sich entsprechend darauf vorbereiten und den Perspektivenwechsel vollziehen. Sich in Tamara hineinversetzen und die Situation mit ihren Augen betrachten:

„Tamara, es ging mir nicht mehr gut. Im Krankenhaus wurde mir klar, dass es so nicht weitergeht. Ich musste handeln. Mir ist unsere Beziehung enorm wichtig. Ich hab mich noch nicht beworben. Lass uns zusammen überlegen, was wir tun können, welche Alternativen es gibt und auch, ob Wien eine solche Alternative wäre. Ich will dich zu nichts drängen und erwarte nicht, dass du mir zuliebe etwas aufgibst, das dir wichtig ist.“

Damit nimmt er Tamaras Kritik erst einmal den Wind aus den Segeln. Der Rauch verzieht sich und beide können ihre Sicht darlegen. Jetzt weist sich, wie stabil die Beziehung ist und auf welche Art und Weise die beiden bisher kommuniziert haben. Geht Tamara auf Stefans Angebot der Alternativen nicht ein, sondern blockt ab, dann könnte aus der Kritik ein Konflikt entstehen. Im anderen Fall, wenn sich beide offen mit Alternativen auseinandersetzen und dies mit Blick auf den Partner bzw. die Partnerin tun, ergeben sich spannende Chancen und neue Wege. So kann Kritik dann durchaus das Potential haben, auf echte Risiken und Gefahren hinzuweisen, die man selbst bisher vielleicht noch nicht gesehen hat. Und das Resultat könnte dann sogar eine noch stärkere Beziehung sein.

Wir haben uns soeben mit einem Beispiel aus dem nächsten Umfeld befasst: der Beziehung zu unserem/unserer LebenspartnerIn, zu Eltern, Kindern, engen Freunden. Menschen, die uns wichtig sind, an denen uns etwas liegt, deren Meinung uns durchaus auch wichtig sein kann. Hierbei kann das Riemann-Thomann-Modell Erkenntnisse liefern.

Nun gibt es aber auch Meinungen und Kritik von Menschen, die wir vielleicht nur flüchtig kennen, mit denen wir uns nicht unbedingt auseinander setzen wollen. Hier hilft uns eine andere Sichtweise. In Kapitel *Kommunikation nach außen* haben wir gesehen, dass das menschliche Kommunikationsverhalten von der eigenen Perspektive, der eigenen Biografie, den eigenen Erfahrungen geprägt ist. Dies gilt auch für Kritik.

Betrachten wir beispielsweise folgende Aussage: „Wie egoistisch ist das denn, die Kinder aus der Schule zu nehmen und auf Weltreise zu gehen. Denken diese Eltern denn nur an ihr eigenes Vergnügen und nicht daran, worauf die Kinder dadurch verzichten müssen?" Oder: „Es ist doch unverantwortlich von diesen Eltern, mit einem so kleinen Kind auf den Berg zu steigen. Das arme Kind und so ein Risiko."

Diese Art von Kritik sagt mehr über die Sender aus als über die Empfänger oder die Sache an sich. Menschen, die Kritik in solcher Art äußern, haben nicht gelernt, die Perspektive zu wechseln und Dinge von einer anderen

Seite zu betrachten. Sie sind oft auch wenig reflektiert. Oder aber: ganz tief im Innern nagt der Neid. In diesem Fall ist es naheliegend, erst einmal auf andere Lebensweisen oder Meinungen einzudreschen. Für die EmpfängerIn einer solchen Kritik gibt es eine einfache, aber zweckmäßige Technik: zum anderen Ohr wieder rauslassen und vergessen.

In Zeiten von sozialen Netzwerken und schnellen digitalen Kommunikationskanälen wird die Fähigkeit, angemessen mit Kritik umgehen zu können, besonders wichtig. Wir kommunizieren auf Facebook, Instagram, Twitter und Co. in der Regel nicht nur mit Freunden, sondern oft auch mit uns völlig fremden Menschen. Durch unsere Mitgliedschaft in Interessengruppen lernen wir Gleichgesinnte kennen und schließen Online-Freundschaften, die manchmal mehr Zeit und Raum einnehmen als Freundschaften mit Menschen außerhalb der virtuellen Welt.

Je länger und intensiver wir uns mit diesen Medien auseinandersetzen und je mehr Zeit wir ins Lesen von Nachrichten und das Schreiben von Kommentaren investieren, desto sicherer und vertrauter fühlen wir uns im Netz. Und desto größer wird die Verlockung, Privates preiszugeben. Das kann die Bekanntgabe unseres Geburtstags oder unseres Beziehungsstatusses sein oder aber auch das Teilen von Ereignissen, die für uns wichtig sind. Warum teilen wir gerne Informationen mit anderen? Eine Untersuchung mit bildgebenden Verfahren zeigt, dass das Belohnungszentrum im Gehirn stark aktiviert wird, sobald Menschen Gelegenheit bekommen, ihr Wissen, ihre Meinung und ihre Erfahrungen mit anderen zu teilen.

Wir werden von einer Welle des Wohlbehagens erfasst, wenn wir unsere Gedanken teilen. Wir freuen uns, wenn wir uns selbst im Netz sehen, und das bringt uns dazu zu kommunizieren.[24]

Tun wir das in einem Raum, in dem sich unzählige fremde Menschen aufhalten, ist uns Kritik gewiss, auch wenn wir weder darum gebeten haben noch die Menschen kennen, die ihren Kommentar unter unsere Geschichte schreiben. Jeder, der in den sozialen Medien von seinem Leben erzählt, muss sich dessen bewusst sein. Nicht nur wir kennen viele unserer „Freunde" oder „Follower" nicht, sondern auch sie uns nicht.

Wie gehen wir nun mit unerwünschter Kritik von Fremden um? Vor allem mit negativer Kritik? Hier gilt dasselbe wie in persönlichen Begegnungen mit uns nicht vertrauten Menschen: Wir ignorieren sie. Diese Menschen sind weder von unseren Entscheidungen betroffen noch kennen und mögen sie uns. Folglich kann ihre Kritik nichts mit uns zu tun haben, sondern sagt immer nur etwas über diese Menschen selbst aus; über ihre Weltanschauung, ihre Ängste, Wünsche und Emotionen. Wenn uns das interessiert, können wir darauf reagieren. Wenn nicht, sollten wir uns vor jedem Post, den wir ins Netz stellen, genau überlegen, warum wir das tun und an wen wir ihn richten. Tun wir das nicht, sind wir selbst Schuld, wenn wir uns mit unerwünschter Kritik herumschlagen müssen.

---

[24] Tamir D & Mitchell P. (2012). „Disclosing Information About the Self Is Intrinsic Rewarding", in: Proceedings of the National Academy of Sciences 109, Nr. 21.

Unsere Erfahrung

Nach der Ausstrahlung der Dokumentation über unser Familienleben im ZDF wurde der Beitrag auf Facebook und Instagram kommentiert. Zwar haben wir selbst den Link auf unserem persönlichen Profil sowie in Interessensgruppen geteilt, in denen wir davon ausgehen konnten, auf Gleichgesinnte zu stoßen. Er erschien aber auch an verschiedenen anderen Orten, auf die wir keinen Einfluss hatten.

Wir lasen die Kommentare unter den von uns verbreiteten Beiträgen aufmerksam und interagierten mit den Menschen, die sich dort äußerten. Ebenfalls bekamen wir zahlreiche direkte Zuschriften per e-mail. Dieser Austausch war absolut positiv und für beide Seiten befruchtend.

Von anderen Gruppen oder Profilen, auf denen der Beitrag geteilt und kommentiert wurde, hielten wir uns ganz bewusst fern. Wir bekamen nur hin und wieder über Kommentare von unseren Freunden mit, dass dort wohl auch negative Kritik geäußert wurde, gegen die sich unsere Freunde dann vehement für uns einsetzten. Wir blieben davon unbehelligt, denn wir wussten: Wer uns nicht kennt und nichts Vergleichbares erlebt hat, ist nicht in der Lage, Kritik an uns persönlich oder an unserer Sache zu äußern. Er sagt aber vieles über seine persönliche Einstellung zum Leben, seine Grenzen im Kopf, seine Ängste und Abhängigkeiten von gesellschaftlichen Normen. Für uns wäre diese Kritik wertlos gewesen, darum verschlossen wir uns ihr gegenüber und freuten uns stattdessen über all die positiven Reaktionen von Menschen, die sich von unserer Geschichte inspirieren ließen.

Aufbruch mit Kindern und Jugendlichen

Wir haben dargelegt, dass wir mit echten und scheinbaren Bedürfnissen leben und nur zu nachhaltiger Zufriedenheit und Erfüllung finden können, wenn wir unseren echten Bedürfnissen genügend Aufmerksamkeit und Raum geben. Dabei haben wir uns auf unsere Person konzentriert. Wir möchten hier auf die Situation innerhalb von Familien näher eingehen.

Wenn wir nicht alleine leben, müssen wir die Menschen, mit denen wir eng zusammenleben, in unseren Prozess miteinbeziehen. Wir haben das in der Zielformulierung im zweiten Schritt als *kooperativ* bezeichnet: Unser Ziel soll uns selbst gut tun, aber unserem Umfeld nicht schaden. Dieser Anspruch führt zu einer Auseinandersetzung mit den Bedürfnissen unserer Familienmitglieder.

Da ist einmal in vielen Fällen die Partnerin oder der Partner. Sie oder er ist ein erwachsener Mensch, der in derselben Pflicht steht wie wir, nämlich sich selbst mit seinen Bedürfnissen auseinanderzusetzen und seine Ziele zu formulieren. Hier bedarf es einer offenen Kommunikation zwischen den Partnern, damit Lösungen gefunden werden können, die für beide annehmbar sind. Wir gehen in „Umgang mit Kritik" im dritten Schritt näher darauf ein.

Anders gestaltet sich die Situation im Zusammenleben mit Kindern und Jugendlichen. Deren Bedürfnisse verändern sich entsprechend der jeweiligen Entwicklungsphase sehr rasch und können zudem je nach Alter nicht immer eindeutig erkannt und benannt werden. Wir unterscheiden daher zwischen der Situation mit Kindern und jener mit Jugendlichen.

Bedürfnisse von Kindern

Die meisten Eltern glauben zu wissen, was ihre Kinder brauchen. Dabei sind die Überzeugungen so vielfältig wie die Menschen selbst – und unterliegen zudem unablässig dem gesellschaftlichen Wandel. Je nachdem, was gerade in Mode ist, wird die Frage nach den Bedürfnissen der Kinder anders beantwortet. Bekam man vor 60 Jahren zu hören, Kinder brauchen eine starke Hand und Respektspersonen, damit sie „richtig" erzogen werden und sich zu gehorsamen Menschen entwickeln, klingt das heute meist anders. Heute kann man Antworten bekommen wie: „Kinder brauchen viele Anreize, um sich möglichst gut zu entwickeln." „Kinder müssen früh gefördert werden." „Kinder brauchen Grenzen." „Kinder brauchen andere Kinder." „Kinder brauchen Natur." „Kinder brauchen Liebe."

Immerhin sind sich in der letzten Aussage dann wohl alle Menschen einig. Wie aber äußert sich diese Liebe? Was beinhaltet sie? Bedeutet Liebe, dem Kind jeden Wunsch von den Augen abzulesen? Oder ihm zuzuhören? Oder es mit Geschenken oder Aufmerksamkeit zu überschütten? Oder es auf seinem Lebensweg zu begleiten? Es zu beschützen? Es zu fördern? Bereits hier gehen die Meinungen wieder auseinander.

Bis Kinder reif genug sind, ihre Bedürfnisse zu reflektieren und entsprechend zu kommunizieren, vergehen viele Jahre. Dadurch entstehen Spekulationen über die Bedürfnisse der Kinder.

Im Kapitel „Familiäre Erwartungen" haben wir erläutert, dass Kinder alles tun, um die Erwartungen der Eltern zu erfüllen. Die Motivation dazu ist ihr natürliches Streben nach Zugehörigkeit. Sie wollen sich als Teil einer Gemeinschaft erfahren können. Kinder beobachten Erwachsene und ahmen sie nach: Ihr Verhalten, ihre Bewegungen, ihre Sprache, ihre Tätigkeiten. Ihr Ziel: Sich all das anzueignen, was sie brauchen, um als Mitglied der Gemeinschaft, der Familie wirksam zu sein.

Aus dieser Beobachtung können wir ein zentrales Bedürfnis von Kindern ableiten:

Kinder brauchen Vorbilder.

Sie brauchen Menschen, die ihnen die Welt erklären – nicht mit Worten, sondern durch Taten, durch ihr eigenes Vorleben von Gefühlen, Werten und Fähigkeiten.[25] Es nützt nichts, wenn wir Pünktlichkeit predigen und selbst mit den Kindern immer zu spät zum Schwimmunterricht erscheinen.

Diese Erkenntnis – Kinder brauchen Vorbilder - macht im Prinzip jeden Erziehungsratgeber überflüssig. Und nimmt uns gleichzeitig in die Pflicht, indem sie uns zwingt, uns mit uns selbst zu beschäftigen. Denn, was wollen wir alle? Dass es unseren Kindern gut geht. Dass sie sich zu zufriedenen, glücklichen Menschen entwickeln. Dazu brauchen sie unser Vorbild.

Unsere Erfahrung

Nach der Ausstrahlung der Doku über unser Segelleben im ZDF stießen wir hin und wieder in den sozialen Medien auf den Vorwurf, dass wir egoistisch gehandelt und unsere eigenen Bedürfnisse über jene der Kinder gestellt hätten. Mit dieser Frage haben wir uns vor unserem Aufbruch im Rahmen der Zielentwicklung intensiv auseinandergesetzt: Dürfen wir unser Familienleben nach unseren erwachsenen Bedürfnissen gestalten? Wir sind zu einer eindeutigen Antwort gekommen: Ja.

---

[25] Vgl. Juul, J. (2020). Respekt, Vertrauen und Liebe. Was Kinder von uns brauchen.

In der Zeit unseres Aufbruchs waren unsere Kinder zwischen zwei und neun Jahren alt. Sie waren damit alle noch Kinder und wir ihre Hauptbezugspersonen. Ihre Vorbilder. Welche Werte und Fähigkeiten wollten wir unseren Kindern vorleben? Neben einigen anderen Dingen in aller erste Linie: Lernt eure Bedürfnisse kennen, nehmt sie ernst und lebt sie. Denn dann geht es euch gut.

Unsere sechs Kinder sind sehr unterschiedlich, obwohl sie durch unseren Lebensstil alle im selben Umfeld und sehr eng miteinander aufgewachsen sind. Ein Kind ist künstlerisch begabt, eins sehr sportlich, das dritte hat ausgeprägte handwerkliche Fähigkeiten und das vierte singt den ganzen Tag. Trotz dieser Verschiedenheit gibt es Bedürfnisse, die bei allen dieselben sind: Die Bedürfnisse nach Liebe, Geborgenheit und Vertrauen. Der Lebensstil, den wir gewählt haben, gibt uns viel Zeit und Raum für diese drei Bedürfnisse. Zeit für Beobachtung und Reflexion, Zeit füreinander.

Und Hand aufs Herz: Wer von uns wurde durch die Eltern befragt, ob uns der aktuelle Lebensstil, die Schule, das Umfeld, die täglichen Routinen passen? Solange der Lebensstil sich innerhalb der gewohnten Konventionen bewegt, wird er selten infrage gestellt. Erst wenn wir aus Konventionen ausbrechen, rührt sich Kritik.

Der dänische Familientherapeut Jesper Juul bringt es auf den Punkt indem er sagt, dass es den Kindern nie besser gehen kann als den Eltern. Damit spricht er die feinen Antennen an, mit denen Kinder nicht nur die Erwartungen der Eltern, sondern vor allem auch deren Stimmungen und Befinden wahrnehmen. Wenn es unseren Kindern gut gehen soll, müssen wir dafür sorgen, dass es uns selbst gut geht. Wenn wir unseren Kindern dazu Geborgenheit bieten und ihnen mit Liebe, Vertrauen und Respekt begegnen, dürfen wir davon ausgehen, dass wir ihre wichtigsten Bedürfnisse befriedigt haben, die ihnen helfen, sich zu selbstbestimmten Menschen zu entwickeln.[26]

Bedürfnisse von Jugendlichen

Je älter Kinder werden, desto mehr öffnen sie sich und orientieren sich nach außen. Wir Eltern büßen nach und nach unsere Rolle als Hauptbezugspersonen ein, andere Vorbilder werden für die Heranwachsenden wichtiger. Sie wollen sich weiterhin zugehörig fühlen, nun aber nicht mehr nur zur eigenen Familie, sondern auch zu Gruppen außerhalb. Dadurch verändern sich auch ihre Bedürfnisse.

Andererseits sind sie nun immer mehr in der Lage, ihre Bedürfnisse zu erkennen und zu formulieren. Das ist die große Herausforderung dieser Lebensphase. Denn die Bedürfnisse der Jugendlichen lassen sich nicht immer

---

[26] Vgl. Juul, J. (2014). Nein aus Liebe. Klare Eltern – starke Kinder.

mit jenen der Erwachsenen vereinbaren. Was nun? Sollen wir unsere eigenen Ziele in den Hintergrund rücken? Können wir unsere Bedürfnisse nicht mehr leben?

Das hängt von der jeweiligen Situation ab. Wenn eine Leidenschaft mit einem größeren Aufbruch verbunden ist, kann es schwierig werden. Da das soziale Umfeld für die Jugendlichen immer wichtiger wird, nimmt die Bereitschaft ab, den Eltern zuliebe in eine andere Stadt oder ein anderes Land zu ziehen. Auch ein Partnerwechsel der Eltern oder eine Scheidung können problematisch sein. Heranwachsende sind während der Pubertät mit so vielen Veränderungen konfrontiert, dass es hilfreich sein kann, das Umfeld stabil zu halten.

Wichtig während der Zeit der Pubertät und der Ablösung ist Kommunikation auf Augenhöhe. Die gelingt nicht von heute auf morgen, sondern wird im Idealfall bereits mit Kindern praktiziert, indem wir Kindern mit Respekt begegnen. Haben wir eine Kommunikation mit unseren Jugendlichen entwickelt, die auf gegenseitigem Respekt und Vertrauen beruht, können wir uns aufeinander einlassen. Dann kommen wir vielleicht zum Schluss, dass es besser ist, den Umzug in die andere Stadt um zwei oder drei Jahre zu verschieben oder für die neue Partnerin vorerst eine Wohnung in der Nähe zu suchen, anstatt sie in unseren Haushalt einziehen zu lassen.

Wir haben nicht nur ein echtes Bedürfnis, sondern mehrere. Beim Zusammenleben mit Jugendlichen kann es angebracht sein, das eine oder andere eigene echte Bedürfnis für eine gewisse Zeit in den Hintergrund zu stellen, wenn es die Entwicklung unserer Heranwachsenden ungünstig beeinflussen könnte. Das gelingt uns einfacher, wenn wir wissen, wie wir diesen Verzicht kompensieren können.

Unsere Erfahrung

Wir führten während unserer Segelreise regelmäßig einen Familienrat durch: Wir setzten uns mit den Kindern zusammen und sprachen darüber, wie es jedem von uns ging, welche Träume jeder hatte und was man sich für die Zukunft wünschte. Nach fünf Jahren Bootsleben zeichnete sich ab, dass sich die älteren Kinder verstärkt nach Erfahrungen sehnten, die sich mit unserem aktuellen Lebensstil nicht vereinbaren ließen: Eine schulische Ausbildung, Reiten, Klavierunterricht. Wir entschieden gemeinsam, die Reise auf dem Boot vorerst zu unterbrechen und gaben uns ein Jahr Zeit für die Vorbereitung unserer Rückkehr von Mittelamerika nach Europa.

Diese Richtungskorrektur widersprach unserem persönlichen Bedürfnis nach Freiheit. Wir wären gerne weiter auf unserem Schiff in neue Länder gereist. Wir haben aber beide neben dem Segeln und Reisen andere Leidenschaften, auf die wir uns fortan konzentrierten: Bücher schreiben, Musizieren und am Schiff arbeiten.

Das Zusammenleben mit Kindern und Jugendlichen stellt uns beim Aufbrechen vor eine besondere Herausforderung. Wir müssen unsere Zielformulierung mit den Bedürfnissen unserer Familie in Einklang bringen. Bei Kindern gibt es in der Regel keine Hindernisse, solange wir ihre zentralen Bedürfnisse nach Vorbild, Geborgenheit, Vertrauen, Respekt und Liebe erfüllen. Wenn wir mit Jugendlichen unter einem Dach leben, kann das dagegen bedeuten, dass wir unter Umständen ein eigenes echtes Bedürfnis für eine absehbare Zeit in den Hintergrund rücken, um die Entwicklung der jungen Menschen nicht einzuschränken. Je länger wir vorher mit unseren echten Bedürfnissen und Ressourcen im Einklang waren und je mehr andere Leidenschaften wir haben, desto eher sind wir in der Lage, uns auf einen Verzicht einzulassen. Entweder wir verschieben den Aufbruch dann oder können ihn so modifizieren, dass er für unsere Familienmitglieder stimmig ist.

Aufbruch in einer schwierigen Zeit

Alles schön und gut, aber wie soll ich in der aktuellen Zeit, die so unplanbar und unberechenbar geworden ist, aufbrechen? Wie kann ich sicher sein, dass mein Aufbruch gelingt? Wo doch gerade auch die SWOT-Analyse verdeutlicht, dass unsere Umwelt einen nicht zu unterschätzenden Einfluss auf unsere Zielentwicklung hat?

Es überrascht uns nicht, wenn du dir während des Lesens diese Gedanken gemacht hast.

Wir erleben gerade etwas weltgeschichtlich Einzigartiges: Eine Veränderung, die sich zeitgleich um die ganze Welt spannt und jeden Winkel beeinflusst.

Seuchen gibt es seit über 5000 Jahren, die Menschheit war nie frei davon und wird es auch nie sein. Auch die meisten technischen Entwicklungen haben viele Ecken der Welt erreicht, aber immer gab es dabei zeitliche Verzögerungen, die oftmals Jahrzehnte, teilweise ein ganzes Jahrhundert dauerten.

Nicht überall finden durch die aktuelle Krise dieselben sichtbaren Veränderungen statt. Weltweit aber geschieht etwas, dessen langfristige Auswirkungen wir nicht abschätzen können. Das macht vielen Menschen Angst.

Der Schweizer Historiker und Friedensforscher Dr. Daniele Ganser unterscheidet drei verschiedene Ängste, welche die Weltgemeinschaft in der aktuellen Krise dominieren: Die Angst zu erkranken, die Angst vor Armut sowie die Angst vor Diktatur.[27] Das sind große Ängste, und es ist nicht einfach, sich ihnen zu entziehen, weil sie in alltäglichen Situationen zurzeit oft deutlich spürbar sind. Wer jetzt noch Job und Einkommen hat, hat Angst um seine Freiheit. Wer kein Geld verdienen kann, sorgt sich um die Finanzierung seines Lebens. Und die Angst vor Krankheit tragen viele Menschen latent in sich. Triftige Gründe, sich mit Angst zu belasten, gibt es zur Genüge.

Gleichzeitig aber sind wir gezwungen, auf die aktuellen Veränderungen zu reagieren, da sie uns alle direkt betreffen. Dabei ist Angst hinderlich. Evolutionär betrachtet ist Angst eine Warnung vor Gefahr, und es gibt drei mögliche Reaktionen darauf: Angriff, Verteidigung oder Flucht. Wen aber sollten wir heute angreifen? Gegen wen oder was könnten wir uns verteidigen? Und flüchten? Wohin? Diese drei Strategien nützen uns in der aktuellen Situation alle nichts. Was bleibt uns übrig?

Wir können die aktuelle Krise nutzen, um uns mit uns selbst auseinander zu setzen. Dringender denn je müssen wir Antworten auf die Fragen finden: Wofür brennen wir? Was brauchen wir, damit es uns gut geht? Über welche Begabungen, Talente, Ressourcen verfügen wir, damit wir unser Leben nicht nur meistern, sondern es auch genießen können?

---

[27] Vgl. Dr. Daniele Ganser in „Corona und China: Eine Diktatur als Vorbild" auf https://www.youtube.com/watch?v=xcjMUVrsBVg

Auf den ersten Blick mag die Situation vielleicht aussichtslos erscheinen. Was nützt es mir, wenn ich meine Leidenschaft fürs Klavierspiel wiederentdecke und spüre, dass ich künftig damit Geld verdienen möchte? Die Zukunft der Konzerte, der darstellenden Künste insgesamt, scheint ungewiss zu sein. Soll ich mich trotzdem mit Leidenschaft und Disziplin auf den Weg zu einem Ziel machen, bei dem ich nicht abschätzen kann, wie realistisch es ist?

Ja!

Gerade in dieser unsicheren Zeit können wir uns nur auf das verlassen, was sicher ist: Unsere eigenen, echten, ganz persönlichen Bedürfnisse.

Weil sie unabhängig von unserer Umwelt sind. Weil sie unbeeinflusst von außen in uns existieren. Weil sie uns Freude, Energie, Kraft und Glücksgefühle schenken. Weil sie uns stärken.

Wenn wir uns mit uns selbst auseinandersetzen und aufbrechen, um unser Leben nach unseren Bedürfnissen zu richten, heißt das nicht, – wie wir im dritten Kapitel gesehen haben – dass wir schnurstracks auf unser Ziel zumarschieren können. Aber wir wissen: Widerstände und Hindernisse fordern uns auf, unsere Perspektive zu wechseln und uns in Disziplin zu üben. Es ist sehr wahrscheinlich, dass wir durch die unberechenbaren und kurzfristigen Veränderungen der Gegenwart unseren Weg immer wieder neu suchen müssen. Daran ist nichts Schlimmes, solange wir wissen, was wir wollen.

Die großen Entdecker und Erfinderinnen der Geschichte lehren es uns: Seien es die Astronomen der Renaissance wie Kopernikus, Galilei, Keppler oder Newton, die hartnäckig solange geforscht haben, bis es ihnen gelungen ist, gegen den Widerstand der mächtigen Kirche ihre revolutionären Theorien über unser Sonnensystem zu beweisen. Nicht, weil sie sich davon Anerkennung und Ruhm erhofft hätten, sondern weil sie für die Idee brannten. Oder Galvani, Volta und Edison, die durch ihre Forschungen zur Elektrizität im 17., 18. und 19. Jahrhundert dafür gesorgt haben, dass wir heute nicht mehr im Dunkeln sitzen. Oder Marie Curie, Nobelpreisträgerin für Physik und Chemie, Ada Lovelace, die erste Programmiererin oder Josephine Cocherane, die Erfinderin der Spülmaschine. Keine/r dieser Frauen und Männer hat das genaue Ziel gekannt geschweige denn waren sie sicher, mit ihrer Forschung Erfolg zu haben, aber sie alle haben ihre Leidenschaften gelebt.

Eine Angst, die viele haben, die über Aufbruch nachdenken, ist die Angst vor dem Scheitern. Dass ein Vorhaben komplett misslingt, kommt mit großer Wahrscheinlichkeit nur dann vor, wenn du nicht oder zu wenig sorgfältig analysiert, reflektiert und geplant hast. Dass einzelne Schritte oder Aspekte anders herauskommen, als du es gerne hättest, das gehört beim Aufbrechen dazu. Ohne Misserfolg gibt es keinen Erfolg, ohne Leid keine Freude, ohne Stagnation gibt es keinen Aufbruch. Entscheidend ist, wie du damit umgehst. Du kannst Umwege laufen, stolpern und wieder aufstehen, dich irren und plötzlich wieder klar sehen. Wenn du weißt, wofür du brennst, was dein echtes, eigenes Bedürfnis ist, deine Leidenschaft, die dich glücklich macht, dann brich auf! Für uns war es das Schiff, mit dem wir uns auf absolutes Neuland begeben haben, die fernen Länder, die neuen Horizonte.

Alles, was du verlieren kannst, sind Ängste, Zwänge und starre Denkmuster. [28]

Die größten Hürden sind im Kopf. Hast du sie einmal überwunden, ist alles plötzlich ganz einfach. In diesem Sinne: Auf geht's!

---

[28]   © Corina Lendfers

Aufbruch:
Der Prozess im Überblick

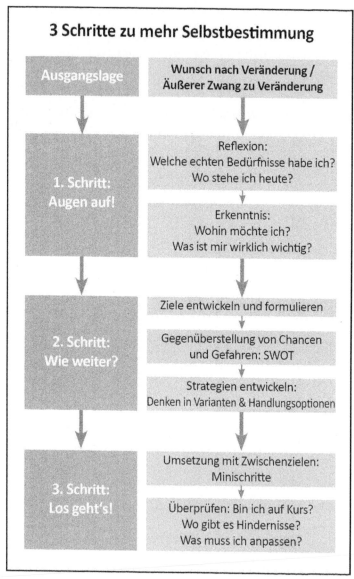

3 Schritte zu mehr Selbstbestimmung

Ausgangslage	Wunsch nach Veränderung / Äußerer Zwang zu Veränderung
1. Schritt: Augen auf!	Reflexion: Welche echten Bedürfnisse habe ich? Wo stehe ich heute?
	Erkenntnis: Wohin möchte ich? Was ist mir wirklich wichtig?
2. Schritt: Wie weiter?	Ziele entwickeln und formulieren
	Gegenüberstellung von Chancen und Gefahren: SWOT
	Strategien entwickeln: Denken in Varianten & Handlungsoptionen
3. Schritt: Los geht's!	Umsetzung mit Zwischenzielen: Minischritte
	Überprüfen: Bin ich auf Kurs? Wo gibt es Hindernisse? Was muss ich anpassen?

Abb. 11: Prozess-Modell, © Lendfers & Berndonner

Über die Autoren

Corina Lendfers und Michael Berndonner sind Eltern von sechs Kindern. Sie leben mit ihrer Familie seit 2013 auf ihrem Segelschiff Pinut.

Corina Lendfers wurde 1979 in der Schweiz geboren. Sie ist Autorin, Staatswissenschaftlerin und Kulturmanagerin. www.corina-lendfers.com

Michael Berndonner, Jahrgang 1966, ebenfalls Schweizer, arbeitet als Kommunikationstrainer und Coach. www.swissinstitute.academy

Buchempfehlungen

Schwangerschaft, Geburt und Stillzeit sind Naturwunder, die ihren eigenen, Jahrtausende alten bewährten Gesetzmäßigkeiten folgen. Es gibt nur einen geeigneten Weg, damit richtig umzugehen: loslassen, geschehen lassen, vertrauen. Dieser Ratgeber zeigt den Weg dorthin auf, den Weg durch eine natürliche, selbstbestimmte Schwangerschaft, eine kraftvolle Geburt und eine harmonische Stillzeit.

Corina Lendfers hat sechs Kinder zuhause geboren, eines davon alleine auf ihrem Segelschiff. Im Zentrum ihres Buches steht die Hausgeburt mit der Spezialsituation der Alleingeburt. Entscheidungsgrundlagen für oder gegen eine Hausgeburt/ Alleingeburt werden ausführlich erläutert, ebenso die praktische Vorbereitung und Durchführung sowie einige elementare Aspekte im Umgang mit dem Neugeborenen wie Stillen, Schlafen, Tragen, Babymassage.

Corina Lendfers; **Hausgeburt-Alleingeburt** – natürlich, kraftvoll & selbstbestimmt durch Schwangerschaft, Geburt & Stillzeit; 2018, BoD: Nordersted.

Spielen? Wie sollte ihm das weiterhelfen? Stefan runzelt verwirrt die Stirn, während er mit einem alten Mann auf einer Parkbank auf der Pfalz, einem Aussichtspunkt in Basel, sitzt. Wieso erzählte ihm dieser merkwürdige Kauz, der sich der Spieler nannte, etwas davon, dass er spielen sollte, um glücklich zu werden? Dadurch ließ sich das Geschehene nicht ungeschehen machen.

Barbara, seine langjährige Lebensgefährtin, hatte ihn verlassen. Er wünschte sich, er hätte mehr Zeit gehabt: um gemeinsame Dinge zu planen, um eine Familie zu gründen, um miteinander glücklich zu sein. Aber was sollte er machen? Als Rektor einer Pädagogischen Hochschule war er nun mal stark eingespannt und hatte eine enorme Verantwortung – er bildete die Menschen aus, die das wichtigste Gut der Gesellschaft – Kinder – auf ihr Leben vorbereiten sollten. Das war eben eine anstrengende und herausfordernde Aufgabe.

Irritiert und verzweifelt verlässt Stefan die Pfalz, nur um kurze Zeit später festzustellen, dass dieses Gespräch mit dem Spieler irgendwas in ihm geweckt hatte. Und so tragen ihn seine Füße immer wieder hinauf zur Pfalz. Nach und nach führt der Spieler ihn an eine andere Sichtweise über das Lernen und Arbeiten heran – eine Sichtweise, die ihn zunächst verstört, dann aber immer mehr in den Bann zieht. So kehrt Stefan schließlich zurück in das natürliche Spiel des Lebens, das überraschende Wendungen für ihn bereithält.

Nando Stöcklin; **Spiel dein Leben** – Über die Leichtigkeit des Lebens; 2021, independently published.

143

Fremde Länder, idyllische Ankerbuchten, rauschende Segelfahrten, Freiheit und ganz viel Genuss - davon träumen Corina und Michael, als sie 2013 mit ihren fünf Kindern zwischen zwei und neun Jahren auf eine alte Stahlyacht nach Portugal ziehen. Stattdessen erwarten sie eine veraltete Elektrik, undichte Luken, marodes Holz und Löcher im Rumpf. Doch die beiden lassen sich nicht unterkriegen und lernen, dass es Perfektion beim Segelschiff nicht gibt und wie man auch im größten Chaos den Moment genießen kann.

Von Portugal segeln sie los über Madeira zu den Kanaren, meistern ihren ersten Hochseetörn als Familie und erkennen, dass auf Langfahrt die Höhen höher und die Tiefen tiefer sind als im gewöhnlichen Leben.

Corina Lendfers; **Von Sternen und Seegurken**; 2020, BoD: Norderstedt

Seit zweieinhalb Jahren leben die Schweizer Michael und Corina mit ihren fünf Kindern und Bordhündin Guia bereits auf ihrem Stahlschiff. Von den Kanaren brechen sie nun auf zu den kapverdischen Inseln, stellen sich der Herausforderung der Atlantiküberquerung und landen in Südamerika. In Französisch-Guyana geraten sie in einen Generalstreik, tauchen in Surinam in den Regenwald ein und bringen in der Karibik auf ihrem Boot ihr sechstes Kind zur Welt.

Corina Lendfers; **Vierzehn Füsse segeln weiter**; 2020, BoD: Norderstedt

Als die Autorin Gabriele-Saskia Drungowski von einer längeren, sehr beglückenden Lesetour zurück nach Hause kommt, fühlt sie in sich eine tiefe Traurigkeit. Sie beschließt, diese mit ihren eigenen Mitteln zu erforschen. Deshalb begibt sie sich, mithilfe ihrer Meditations- CD, in den Raum der Möglichkeiten, eine von ihr erfundene Tiefentrance, in der man seine inneren Räume erkunden kann.

Zu ihrem größten Erstaunen erwacht sie völlig real in dieser inneren Welt. Allmählich begreift sie, dass diese Welt viel größer ist als die äußere Realität. Voller Neugier begibt sie sich auf die Suche nach sich selbst. Und was ihr dort begegnet, stellt alles bisher gelebte völlig in den Schatten. Sie lernt Erstaunliches über die Zeit, das Jetzt und über ihre alten, immer wiederkehrenden Muster, über das Glück und ihren Lebensplan. Sie taucht ein in eine unsagbare Welt der Fantasie, der unglaublichsten inneren Räume und der weisesten Helfer. Allesamt erkennbar durch ihre tiefen, warmen Augen. Eine Welt voller Magie, Abenteuer und großem Humor. Sie begreift die Zusammenhänge ihres Lebens und darf dort viele Möglichkeiten und vollkommen neue Perspektiven ergründen.

Lassen Sie sich verzaubern von einer fantastischen, abenteuerlichen Geschichte, die uns in die Tiefen unserer Seele und in die Mysterien unserer Existenz entführt.

Gabriele-Saskia Drungowski; **Im Raum der Möglichkeiten** – Eine wahrhaft magische Reise in die innere Welt; 2016: tredition.

Demnächst erscheint Band II: **Im Feld der Möglichkeiten** – Ein Blick in die Zukunft unserer Entscheidungen

LINI LINDMAYER

GEHT'S AUCH OHNE

Schule?

AUF DEN SPUREN DER
FREILERNER

edition
riedenburg

Die Begriffe "Homeschooling" und "Unschooling" haben längst Einzug in den heimischen Sprachgebraucht gehalten. Doch was genau steckt dahinter und wie sieht die schulfreie Praxis im Alltag aus?

Autorin Lini Lindmayer schreibt aus Erfahrung, als Mama von 7 Kindern, die weder einen Kindergarten noch eine Schule besuchen, weiß sie, was nötig ist, damit das freie Lernen Spaß macht und keine Langeweile aufkommt. Sie beschreibt eingängig, warum Beurteilungen und Prüfungen die Freude am Forschen zund Entdecken verleiden und welche negativen Auswirkungen frühkindlicher Förderwahn und schulische Zwangsbildung haben können.

Authentische Erfahrungsberichte von 15 Freilerner-Familien - zwischen Schweden und Neuseeland - geben zudem einen bunten Einblick in den Alltag ohne Schule und machen Lust auf wildes, freies Lernen.

Lini Lindmayer; **Geht's auch ohne Schule?** - Auf den Spuren der Freilerner; 2016: edition riedenburg.